工业管理与一般管理
Administration Industrielle Et Générale

华 章 经 典 · 管 理
Henri Fayol

〔法〕亨利·法约尔 著
迟力耕 张璇 译

机械工业出版社
China Machine Press

图书在版编目（CIP）数据

工业管理与一般管理（珍藏版）/（法）法约尔（Fayol，H.）著；迟力耕，张璇译. —北京：机械工业出版社，2013.5（2024.4重印）
（华章经典·管理）
书名原文：Administration Industrielle Et Générale

ISBN 978-7-111-42280-8

I. 工⋯ II. ①法⋯ ②迟⋯ ③张⋯ III. 法约尔管理论 IV. C93

中国版本图书馆CIP数据核字（2013）第084114号

版权所有·侵权必究
封底无防伪标均为盗版

Henri Fayol. Administration Industrielle Et Générale.
本书由机械工业出版社出版发行。未经出版者预先书面许可，不得以任何方式抄袭、复制或节录本书中的任何部分。

机械工业出版社（北京市西城区百万庄大街22号　邮政编码　100037）
责任编辑：王金强　　　　版式设计：刘永青
北京建宏印刷有限公司印刷
2024年4月第1版第22次印刷
170mm×242mm·9.75印张
标准书号：ISBN 978-7-111-42280-8
定　　价：59.00元

客服电话：（010）88361066　68326294

丛书赞誉

任何一门学问，如果割断了与自身历史的联系，就只能成为一个临时的避难所，而不再是一座宏伟的城堡。在这套管理经典里，我们可以追本溯源，欣赏到对现代管理有着基础支撑作用的管理思想、智慧和理论。大师的伟大、经典的重要均无须介绍，而我们面对的经典内容如此丰富多彩，再美的语言也难以精确刻画，只有靠读者自己去学习、去感悟、去思考、去探寻其中的真谛和智慧。

西交利物浦大学执行校长　　席酉民

当企业在强调细节管理、有效执行的时候，实际上也是在强调对工作的分析和研究。当我们在强调劳资合作的时候，也就是在强调用科学的方法研究工作，将蛋糕做大，从而使双方都能获益。最原始的思想往往也是最充满智慧的、纯粹的和核心的思想。

南京大学人文社会科学资深教授、
商学院名誉院长、行知书院院长　　赵曙明

现代管理学的形成和发展源于相关人文社会科学学者对组织、组织中的人和组织管理实践的研究。如果我们能够转过身去，打开书柜，重新看看这些著名学者的经典作品，就会发现摆在我们面前的多数当代管理图书好像遗失了点什么——对管理本质和实践的理解，就会感叹它们的作者好像缺少了点什么——扎实的理论功底和丰富的实践经验。

华南理工大学工商管理学院前院长　　蓝海林

把管理作为一项可以实验的科学，是一个具有开拓性的思考者和实践者留下的宝贵精神财富。伴随着科技进步和生产工具手段的变化，追求管理科学性的努力生生不息，成为人类文明的一道亮丽的风景线。

复旦大学企业研究所所长　　张晖明

管理百年，经典有限，思想无疆，指引永远。经典，是经过历史检验的学术精华，是人类精神理性的科学凝练，是大师级学者回应重大现实问题的智慧结晶。希望青年学子能够积淀历史，直面现实读经典，希望年轻学人戒骄戒躁像大师一样做真学问，代代传承出经典。

北京师范大学人本发展与管理研究中心主任　　李宝元

该丛书是管理学科的经典著作，将为读者提供系统的管理基础理论和方法。

武汉理工大学管理学院教授　　云俊

出版说明
The Publisher's Words

自从1911年弗雷德里克·泰勒的《科学管理原理》出版至今，漫长的管理历程中不断涌现出灿若星河的经典之作。它们在管理的天空中辉映着耀眼的光芒，如北极星般指引着管理者们不断前行。这些书籍之所以被称为管理经典，是因为在近百年的管理实践中，不管外界环境如何变迁，科学技术生产力如何发展，它们提出的管理问题依然存在，它们总结的管理经验依然有益，它们研究的管理逻辑依然普遍，它们创造的管理方法依然有效。

中国的管理学习者对于管理经典可以说是耳熟能详，但鉴于出版时间的久远、零乱和翻译的局限，很多时候只能望书名而兴叹。"华章经典·管理"丛书此次推出，不仅进行了系列的出版安排，而且全部重新翻译，并统一装帧设计，望能为管理学界提供一套便于学习的精良读本。

中国的管理实践者身处的内外环境是变化的，面对的技术工具是先进的，接触的理论方法是多样的，面临的企业增长是快速的，管理者几乎没有试错的时间。那么要如何提升自己的管理水平，才能使自己在竞争中立于不败之地？最好的方法就是找到基本的管理理论。管理经典就如一盏明灯，既是最基本的管理，也是更高的管理。因此阅读这套丛书对管理实践者来说，正可谓受益良多。

"华章经典·管理"系列丛书追求与时俱进。一方面，从古典管理理论起，至当代管理思想止，我们选取对中国的管理实践者和学习者仍然有益的著作，进行原汁原味的翻译，并请专业译者加强对管理术语的关注，确保译文的流畅性和专业性。另一方面，结合中国的管理现状，我们邀请来自企业界、教育界、传媒界的专家对这些著作进行最新的解读。

这些工作也远非凭机械工业出版社一己之力可以完成，本套丛书得到了各界专家的支持与帮助，在此一并感谢：

包　政	陈春花	陈佳贵	冯　仑	黄群慧	李新春
李　政	罗　珉	马风才	彭志强	邵明路	石晓军
王以华	王永贵	吴伯凡	吴晓波	席酉民	肖知兴
邢以群	颜杰华	杨　斌	张瑞敏	赵曙明	

"华章经典·管理"系列丛书秉承"致力于为中国读者提供世界管理图书的阅读价值，以知识促进中国企业的成长。"这一理念，精心编辑，诚意打造。仅盼这套丛书能借大师经典之名，为更多管理实践者和学习者创造出更为有效的价值。若您确有收获，那么作为经管出版人，心下慰矣。

目录
Contents

丛书赞誉

出版说明

总　　序　席酉民

推荐序一　包政

推荐序二　陈春花

前　　言

第一部分
管理教育的必要性及可能性

第1章　管理的定义 // 2

技术职能 // 3

商业职能 // 4

金融职能 // 4

安全职能 // 4

财务职能 // 5

管理职能 // 5

第2章　构成企业员工价值的各种能力的相对重要性 // 7

大型工业企业中技术职能人员应具备的各种能力的相对重要性 // 9

各种类型工业企业领导人的必要能力的相对重要性 // 13

第3章　管理教育的可能性和必要性 // 15

第二部分
管理的原则和要素

第4章　**管理的一般原则** // 20

　　劳动分工 // 22

　　权力与责任 // 23

　　纪律 // 24

　　统一指挥 // 25

　　统一领导 // 27

　　个人利益服从整体利益 // 28

　　人员报酬 // 28

　　集中 // 35

　　等级链 // 36

　　秩序 // 38

　　公平 // 40

　　人员的稳定 // 40

　　创新精神 // 41

　　团结精神 // 42

第5章　**管理的要素** // 45

　　计划 // 46

　　制订一个好的行动计划所需的才能和条件 // 54

　　组织 // 58

　　企业人员的培养 // 86

　　指挥 // 102

　　协调 // 110

　　控制 // 114

附录 // 117

法约尔小传 // 124

华章经典·管理
HUAZHANG CLASSIC
management

总　序
Foreword

学习管理　　感悟管理　　演练管理　　享受管理

如今，市场上经管类图书可以说琳琅满目、鱼龙混杂，时髦的名词和概念一浪接一浪滚滚而来，不断从一个新理念转到另一个新理念，传播给大众的管理概念和口号不断翻新，读者的阅读成本和选择成本不断上升。在这个浮躁的社会时期，出版商有时提供给读者的不再是精神食粮，而是噪声和思维杂质，常常使希望阅读、学习和提升的管理者无所适从，找不到精神归依。任何一门学问，如果割断了与自身历史的联系，就只能成为一个临时的避难所，而不再是一座宏伟的城堡。

针对这种情况，机械工业出版社号召大家回归经典，阅读经典，并以身作则，出版了这套华章经典系列，分设3个子系——管理、金融投资和经济。

"华章经典·管理"系列第一批将推出泰勒、法约尔和福列特的作品，后续将会穿越现代管理丛林，收录巴纳德、马斯洛、列维特、明茨伯格、西蒙和马奇等各种流派的管理大师的作品。同时，也将收录少量对管理实践有过重要推动作用的实用管理方法。

作为管理研究战线的一员，我为此而感到高兴，也为受邀给该系列作序而感到荣幸！随着经济全球化和知识经济的到来，知识的更新速度迅速提升，特别是管理知识更是日新月异，丰富多彩。我们知道，大部分自然科学的原理不会随时间变化而失效。但因管理的许多知识与环境和管理情境有关，可能会随着时间和管理情境的变迁而失去价值。于是，人们不禁要问：管理经典系列的出版是否还有现实意义？坦率地讲，许多贴有流行标签的管理理论或方法，可能会因时间和环境的变化而失去现实价值，但类似于自然科学和经济学，管理的知识也有其基本原理和经典理论，这些东西并不会随时间的流逝而失效。另外，正是由于管理有许多与情境和人有关的理论、感悟、智慧的结晶、哲学的思考，因此反倒会随着历史的积淀和经历的丰富而不断发展和深化，绽放出更富历史感、更富真知的光彩。换句话说，不少创造经典的大师可能已经走了，但其思想和智慧还活着！不少浮华的流行概念和观点死了，但其背后的经典还闪闪发光！在这套管理经典系列里，我们可以追本溯源，也依然可以欣赏到对现代管理有着基础支撑作用的管理思想、智慧和理论。

观察丰富多彩的管理实践，不难发现：有的企业家、管理者忙得焦头烂额，被事务困扰得痛苦不堪，结果事业做得还不好；有的企业家、管理者却显得轻松自如、潇洒飘逸、举重若轻，而且事业也红红火火、蒸蒸日上。是什么使他们的行为大相径庭，结果天壤有别？一般的回答是能力差异。我不否认人和人之间的能力有差别，但更想强调能力背后的心态、思维方式、理念问题，即怎样看待管理？怎样面对问题？怎样定位人生？管理因与人有关，始终处于一种动态的竞争和博弈的环境下，因而管理永远都是复杂的、富于挑战的活动。要做好管理，成为优秀的企业家和管理者，除了我们经常挂在嘴边的许多素质和技能外，我认为最重要的是管理的热情，即首先要热爱管理，将管理视为自己生存和生活不可分割的一部分，去体验管理和享受管理。其次，管理永远与问题和挑战相伴。我经常讲，没有一个企业或单位没有问题，管理问题就像海边的礁石，企业运行状况良好时，问题被掩盖了；企业运行状况恶化时，所有的问题就都暴露出来了。实际上涨潮时最容易解决问题，但此时也最容易忽视问题，等退潮时问题都出来了，解决问题的最好时机也过去了。面对管理问题，高手似乎总能抓住少数几个关键问题，显得举重若轻，大量小问题也会随着大问题的解决而消失。而低手却经常认认真真地面对所有问题，深陷于问题网中，结果耽误了大事。人生的价值在于不断战胜自我，征服一次管理难题，实际上不仅是人生的一种体验，更是对自己能力的一次检验。若能这样看问题，迎接管理挑战就不再是一种痛苦，而成为一种愉悦的人生享受。因此，从管理现实中我们也能体会到，管理的有效性和真正驾驭需要管理知识、艺术、经验和智慧的综合运用。

高水平的管理有点像表演杂技，杂技演员高难度的技艺在常人看来很神奇，但这些令人眼花缭乱的表演实际上是建立在科学规律和演员根据自身特点及能力对其创造性地运用上。管理的神奇也主要体现在管理者根据自身特点、能力以及其组织和环境的情况，对基本管理原理的创造性应用上。

因为"管理是管理者的生活"，我经常劝告管理者要"享受管理"，而要想真正做到，除了正确的态度和高尚的境界外，还需要领悟管理的真谛；而要真正领悟管理的真谛，就需要学习掌握管理的基本知识和基本技能。当然管理知识的来源有直接和间接之分，直接知识是通过自己亲身体验领悟而来，这样做过程太长；间接知识是通过学习或培训取得，这样过程较短，成效较快，两者相辅相成。

管理知识浩如烟海，管理技术和技能多如牛毛，而且随着时代和环境以及文化的变化，同一种知识和技能的应用还有很强的环境依赖性，这就使管理知识的学习变得很难把握，许多人不知道看什么样的书，有的人看完书或听完课后的体会是当时明白了，也听懂了，但仍不知道怎样管理！实际上管理的学习同经济学、自然科学等一样，首先在于掌握基本的思想和方法论。管理面对的是实际的企业、组织和人，一般规律对他们有用，但他们往往也有独特性，这也使管理具有科学、艺术、实务、思想等多种属性，所以不能僵化地看待管理知识，在理解和运用管理知识时一定要注意其使用对象的特殊性。其次，管理者手中能够应用的武器有两方面：科学的、带有普遍性的技术、方法，以及与人有关的随情况变化的涉及心理和行为的具有艺术特色的知识和经验。前者容易通过书本学习，后者则要通过实践或案例教学学习和体会。再次，管理重在明确目标以及其后围绕目标选择最佳或最满意的路径，而完成这一任务除了高瞻远瞩、运筹帷幄的能力以及丰富的知识和经验外，最基本的是要学会和善用成本效益分析工具。最后，所谓"三人行必有我师"，无论成功与失败，任何管理实践中都蕴涵着知识和经验，所以，对于管理来说，处处留心皆学问。要增加自己的管理知识和丰富自己的管理经验，就要善于观察组织及人的行为和实践活动，勤于思考和提炼，日积月累也是重要途径。

有人形象地比喻，管理类似下棋，基本的管理知识类似于对弈的基本规则，各种管理技能和成功的管理实践类似于总结出的各种棋谱，而实际的管理则由这些基本规则、各种棋谱演变出更加丰富多彩、变幻莫测的局势。水平接近者的比赛，赛前谁也难以确定局势的变化和输赢的结果。因此，管理的学习在于基本知识和基本技能，而要演化出神奇的管理实践需在此基础上去感悟、去享受！

实际上管理活动本身犹如一匹烈马、一架难以控制的飞机，要想驰向发展的愿景，飞向成功的辉煌未来，不仅要享受奔驰中飘逸的快感和飞翔时鸟瞰世界的心旷神怡，而且要享受成功后的收获，因此必须设法"驾驭"好管理。

我陪人练习驾车时曾深有体会地告诉驾驶者，开车的最高境界是用心，而不是动用身体，要把车当作你身体功能的一种延伸，使车与你融为一体，然后在你心神的指挥下，心到车到。"管理"这匹烈马或复杂难控的飞机何尝不是如此，它也是人类、领导者、管理者的功能的一种延伸、一种放大器，而要真正享受它和使它发挥功效，必须娴熟且到位地驾驭它。面对种种复杂的管理，更需要用心驾驭。

这里，作为序我没有对经典系列本身给予太多介绍，只重点谈了如何学习管理，提升管理水平，最后达到享受管理。这是因为，大师的伟大、经典的重要均无须介绍，而我们面对的经典内容如此丰富多彩，再美的语言也难以精确刻画，只有靠读者自己去学习、去感悟、去思考、去探寻其真谛和智慧，我只是提供了我自认为研究和实践管理的途径和境界，希望这些文字有助于读者对管理的阅读、理解和思考！

席酉民博士

西交利物浦大学执行校长

推荐序一
Foreword

管理学的一代宗师

读经典名著的意义

阅读经典名著，是掌握一门学科的正道；至少可以少走弯路，避免人云亦云、莫衷一是。企业管理的源头著说并不多，值得一提的经典名著就更少，比如泰勒《科学管理原理》、法约尔的《工业管理与一般管理》和韦伯的《社会组织与经济组织理论》。现如今，很少有人研读经典著作，因此，很少有人能够鉴别管理思想之真伪。殊不知，那些所谓的"新思想"和"新见解"，往往是一些不足挂齿、拾人牙慧的东西，甚或是一些杜撰的"新名词"，既没有理论出处，又缺乏实践依据。

阅读经典名著，可以使我们减免无知，懂得管理不是一门可以随意杜撰的思辨学科，现代企业管理思想并非空穴来风。美国的泰勒（1856—1915）、法国的法约尔（1841—1925）和德国的韦伯（1864—1920），都生活在19世纪末20世纪初，在那个动荡时代，曾经历了"产业社会"取代"家庭社会"的历史变迁过程，经历了产业社会内的大规模冲突过程。他们探索企业管理的目的，并非为了单纯地提高企业运行效率，而是为了稳定社会的经济组织或企业，谋求产业社会的正常运行。一般而言，企业管理理论伴随着工业化进程而来，是我们这个时代的产物。可笑的是，有人企图用古人思想的碎片，去拼凑现代企业管理之道。法约尔说："道德或宗教的高级原则通常只涉及个人或那些来自非现实世界的利益。然而，管理原则追求团队的成功，满足各方经济利益。目的不同自然方法也不同，也就没什么好奇怪的了。既然没有同一性，那就不存在矛盾了。"

我们还可以从经典名著的字里行间中，感悟到大师的精神力量，以及源头思想的魅力。泰勒、法约尔和韦伯，都是使命在身的人；他们几乎用毕生精力，探索着企业管理的真理，以帮助后人从纷杂的现象中，把握事情的本质以及内在的本质联系。他们这些客观而公允的管理思想，以及诚实而认真的品格，支撑着企业管理的理论发展。可以说，对企业管理的学习和研究，如同其他学科一样，来不得半点的虚伪或弄虚作假；更不能把企业管理学科，当作沽名钓誉、混饭吃的手段。

法约尔的神圣使命

法约尔1860年（19岁）进入"科芒特里－富香博－德卡维尔"公司，这是法国的一家矿业企业，在那里他度过了整个职业生涯——1888年（47岁）升任公司的总经理，直至1918年（77岁）退休。他通过强化企业管理的职能，把公司从濒临破产的边缘上拉了回来，走上持续发展的轨道，成长为今日法国冶金工业首屈一指的企业。当年有一位教授古皮耶尔说："很难找到第二位像法约尔这样在工业部门有着重要地位又有极高理解力的人了。"其实法约尔的伟大，在于他能够用毕生的精力只做一件事情。倘若我们能够坚守本行，恐怕也可以达到他那完美的职业境界。很遗憾，绝大多数人不具有这样的职业精神，不能在一个专业领域中坚持，只能成为普通人或受过高等教育的普通人。

法约尔依据自己的实践经验，感悟到"管理职能"的存在，以及管理的存在价值。同时，意识到"管理教育"以及加强对管理人才的培养，对一个国家或社会的意义。法约尔非常清楚，他的成功很大程度上是得益于自己的管理意识、思想和方法，而不是别的原因。法约尔曾经引用法国冶金工业委员会主席的话，"思维清楚、广阔、判断公正深刻，具备这种素质的人可以委以重任，开创事业和保持法国的地位，尽管法国的自然资源短缺，但由于这种人的超群天赋，使法国位于工业设计和科学的前沿。但是，几年来这样的人已经大幅度减少了。"

法约尔依据自己的观察，认为"管理教育"需要全社会、多层面的关注，不能仅仅指望企业。理由是，大部分企业的高层领导既没时间也没兴趣写作，他们通常既无学说传世，也无门徒追随。从事过企业管理的人在整个管理思想史中屈指可数，只有泰勒、巴纳德和斯隆几位。"管理教育"必须依靠社会的力量，使之成为各等级学校教育的一个组成部分，至少应该和"技术教育"等量齐观。

　　要想推动社会来发展"管理教育"，必须要有相应的理论学说，这是建立一项教育事业的必要条件。用他自己的话说，在我们的专业学校中，缺少管理教育的真正原因，是由于管理理论本身的缺乏。我们还没有一个公认的管理理论，没有理论就不可能有教育。从1900年起，法约尔就开始传播自己的管理思想，并引起热烈的反响。也许是这个激励因素，令他不顾年事已高，下决心从自己做起，着手研究管理的理论。把自己感知到的"企业及其管理世界的真面目"，用"理论的方式"展现出来，推动社会对"管理教育"的重视。

　　法约尔相信，必须创立相应的管理学说，哪怕是初步的或粗浅的学说，才有可能引起社会讨论，最终形成社会一致公认的管理理论；进而，为管理教育体系的建设奠定基础，不然，一切将无从说起。毋庸置疑，法约尔是行家里手，是一位谙熟企业管理之道的人，他所感知到的企业管理是真实的。但他始终认为自己只是一个倡导者，相信未来那些大学老师，更有能力提炼和总结管理的理论学说，并找到更好的方法教育学生。这绝非是法约尔的谦虚，相反，这正表明了他对建立企业管理学科的理解。确立管理理论，绝不是个人的事情；管理不仅要合乎科学的理性，而且还必须合乎道德的理性，成为社会成员的共识，成为公理。

　　至1908年，法约尔形成了管理学说的雏形，后又经过8年的持续努力，完成了传世之作《工业管理与一般管理》，于1916年发表。法约尔退休以后，专门创办了一个管理研究中心，全身心地投入理论研究，交流和传播自己的管理经验和思想，直至1925年去世，享年85岁。真是不可思议，他的一生似乎就是为了一件事情——从管理实践中提炼理论，加以传播和交流；仿佛创建企业管理理论，就是他与生俱来的神圣使命。

也许是天意，法约尔的研究计划只完成了一半，即第一部分"管理教育的必要性及可能性"和第二部分"管理的原则和要素"。研究计划中的其余部分，尤其是第三部分"个人观察和体会"没能完成；没有来得及结合理论对"具体的事例"进行讨论，非常可惜。由于这"第三部分"的缺失，致使后来那些粗心的读者，难以解读法约尔"抽象且近乎概念化"的理论，难以感悟到他半个世纪的实践经验以及活的思想灵魂。真正的受益者，恐怕是那些后来的管理大师。

法约尔的文笔简练，条理清晰，用词准确、平实且少有歧义。这与他那威仪、高贵和仁慈的品格浑然一体。凡是能够读懂法约尔原著的人，都会感到有一股清新的泉水流过心田。然而，令人不解的是，后来那些编写"管理教科书"的人，往往没有对法约尔的思想做出完整的阐述，只是简单罗列他的"14条管理原则"和"5大管理要素"。致使后来一些抱着教材长大的莘莘学子，脑子里只有法约尔的教条却不知企业管理为何物，面对具体而复杂的管理问题，一筹莫展，不知所措。

《工业管理与一般管理》的问世，意味着法约尔的使命已经完成。后来的事情如法约尔所料，管理理论的研究引起法国和英国社会的普遍重视，很多人从法约尔那里得到了管理思想上的启示。尽管法约尔的著作在1949年以前，没有在美国正式出版过，但是，他的思想在20世纪20年代就引起了美国学者的关注。1923年，格里尔（Sarah Greer）翻译了法约尔的一篇论文，引起美国学术界对法约尔著作的重视。后来，在1937年，这篇论文被法约尔的追随者厄威克（Urwick Lyndall）收录到《管理科学论文集》之中。在这本论文集中，厄威克比较全面地介绍了法约尔的学说思想。厄威克是英国人，从事管理咨询工作，著有《管理的要素》《组织的科学原则》和《管理备要》等。

法约尔的理论贡献

尽管谁都知道管理的重要性，如法约尔所说"每个人都明白，如果管理得不好，企业就会没落"，然而，有谁知道管理是什么？又有谁说得清楚什么是管理呢？要想创立管理理论，就必须首先对"管理"进行明确的定义。否则，就很难让人确信，管理是可以成为一门学科的。法约尔不愧是个行家，凭借对管理的质感，直截了当地把"管理"描述为一项专业职能，称作"管理职能"或"管理功能"。结果一锤定音，至今大家似乎都很乐意接受法约尔提出的概念或说法，从这个意义上说，法约尔不愧为管理学的一代宗师。

按照法约尔的解释，企业的组织职能或功能，是由一系列活动构成的，并且以专业化分工的形式存在。因此，组织的职能可以细分为 6 项具体的专业职能，包括技术职能、商业职能、金融职能、安全职能、财务职能和管理职能。通常情况下，前面 5 项专业职能，都有相应的专业化部门或称"专业职能部门"，诸如"技术开发部门""销售业务部门"或"财务会计部门"等；都有具体的"部门形态"，人们很容易凭直觉感受到这些"专业职能"的存在，唯独"管理职能"需要做出解释。

为此，法约尔做出了详尽的阐述，为"管理职能"寻找落脚点。他的结论是："在所有类型的企业中，下属员工的基本能力是具有企业专业特征的能力，高层领导者的主要能力是管理能力。"这个结论对后人的影响是很大的，甚至出现误解，以为各级经理人员就是"管理者"；或反之，各级管理人员就是"经理人"。这种误解和人们的期待有关，所谓"信息是一种期待"，每个人往往只听得到他想听到的事情。凡是活在具象世界的人们，都希望"管理职能"能够落到实处，落到"专业职能部门"的形态上，或落到"职务形态"上。如果不能落在专业部门上，就应该落在总经理、总裁、CEO 这样的"职务"上，即总经理、总裁或 CEO 就应该是管理者，就应该担当管理责任，发挥管理的作用或功能。

法约尔意识到会有这样的误解，一再强调"管理职能"并不是某个负责人或企业领导的个人职责，也不是他们的特权；管理职能是企业领导和所有成员共同承担的职责。管理职能的强弱，取决于全体员工的管理素养和努力。可是没有人在意这些话，人们习惯上已经把"经理人"和"管理者"等同起来，把"管理者"和"管理"等同起来，甚至德鲁克都说过类似的话，认为有时候管理和管理者是很难区分的。不过，德鲁克非常清楚"管理者"是干什么的，他并不把"管理者"局限于"经理人"，认为有些知识工作者也是管理者，因为这些人对企业的经营及其成果具有重大影响。也许有人会对德鲁克的这种说法感到别扭，这并不奇怪，这跟他们没有读过法约尔的原著有关。

如果管理职能不是以"专业部门"的方式存在，或者说是以"管理职能"的方式存在，那么，接下来法约尔必须回答，"管理职能"作为一种能动的因素，是如何发挥整体作用的？这是管理成为"一种专业"以及把管理纳入"职业教育"范畴的必要条件。对此，法约尔说："我借用生理学作对照，向大家表述管理的行为模式。一个工业企业内的管理事务，就像人的大脑系统一样，从表面上是观察不到的，它的活动也不能被直接明显地看到。但是，肌肉系统尽管拥有自身的能量，如果大脑系统停止反应，它的收缩活动也将停止。如果没有大脑系统的行动，人的身体就会变成一堆没有活动能力的肉体，所有器官将立即丧失功能。大脑系统存在并活动于每一个器官以及器官的每一个组成部分，通过细胞和纤维，大脑系统接收到感觉信息，然后将它第一时间传给神经中枢，即反应中心，如果有反应，再传给大脑。命令从这些中心或大脑发出，再通过一条相反的路线，到达将要执行运动的肌肉。"

后来，德鲁克把"管理职能"定义为"器官"。对此，很多人百思不得其解，因为，他们没有看过法约尔的原著，不知道管理思想的历史演变关系。德鲁克非常清楚，法约尔对"管理职能的运作机理"的描述是贴近真实的。在企业运营的表面，显现出来的是业务活动或产品制造过程，而不是"管理过程"。"管理行为"分散于每一个"职务"中，不仅仅是管理职务。这些分散的管理行为，如同生命体内的"器官"一样，有机地与企业整体联系在一起，发挥整体的功能或管理职能。可以说，管理职能不同于其他专业职能，其他专业职能很像"机械装置"中的一个个的功能部件，相互传递着物理世界的"作用力"；而管理职能更像生命体内的"器官"，与整个生命体有机地联系在一起，依据复杂的机理相互作用，转化为整体的作用、功能或职能。

这些"无形的力量",来自管理的工作及其性质。法约尔认为,"管理职能只是作为社会组织的手段和工具。其他职能与原材料和机器有关,而管理职能只和人有关。社会组织的良好运行取决于某些条件,人们几乎不加区别地将它们称作原则、规律或原理。我更喜欢使用原则这个词,但要让它抽离僵硬的概念。"换言之,企业不是一个纯粹的"自然世界",我们无法像牛顿那样,去发现支配"物理世界"的内在客观规律;从而,建立具有"内在统一性"的科学理论,指导我们的行动。在法约尔看来,企业是一个双重的组织机构,既有物质属性也有社会属性。"要想执行好管理职能,我们就要依赖这些原则。即依靠这些已被论证的、深思熟虑的和已被接受的道理。"

人们似乎从来就没有怀疑过法约尔以及他所列举的管理原则。这不仅仅因为他是一个实业家,曾经成功地领导过一个大企业;更重要的是他的人格以及对管理这件事情的理解,深信他是一个得道之人。比如,当谈到"团结原则"时,法约尔说:"团结的力量不仅仅体现在同一企业员工间的愉快关系中,商业协议、工会及所有类型的联合会也是团结的结果,它们都在企业管理中扮演着重要角色。半个世纪以来,团队的作用越来越发展壮大,我看到,在1860年,大工业企业工人既不团结,也不联合,总是自扫门前雪。结果是工会使他们和企业主有了同等的地位。同一时期,曾经激烈竞争的公司开始一点一滴地彼此互助,在共同协议下,解决涉及彼此利益的大部分问题。这是一个新时代的开端,习惯与观念都已经发生深刻改变。企业领导务必要重视这种变革。"

法约尔非常清楚,一个人的才干,哪怕是工程技术人员的才干,都来自实践经验的积累,来自实践的锻炼。就像驾校和司机的关系,真正的司机绝非是在驾校培养的,而是在热闹的马路上练就的。1900年,他在一次会议上说,涵盖了大量应用知识及丰富的个人素质的"管理学",实际是一种塑造人的艺术。人们只能在"从事具体的艺术工作"中掌握艺术,就像人们在炼铁的过程中成为炼铁工一样。

法约尔说:"管理教育并不能让所有学生成为优秀的管理者;就像以往的技

术教育,也没有把所有学生造就成工程师……在工厂里,人们不指望他一离开学校就有能力管理一个高炉,就能管理矿井的挖掘工作或制造一台机器。就是同期毕业的第一名也不能马上完成这些工作,只有通过或长或短的实践启蒙后,他才能完成这些工作"。他认为,一个"管理者的能力",以及一个"组织的管理职能",绝非是从学校获得的。我们能够从学校获得的只是管理知识和管理思维,绝非是综合解决实际问题的管理能力。如同技术教育一样,普及"管理教育",才有可能使年轻人懂得吸取管理经验和教训的重要性,逐渐提高管理上的意识和素养,最终使大企业的领导层后继有人,使工业社会得以正常运行。

法约尔理论的缺憾

美国学者孔茨(Harold Koontz)称法约尔是"现代管理理论"真正的创始人,他曾经说过:"法约尔是作为一个从事实务的企业家进行写作的。他回忆了自己长期的管理生涯,撰写他所观察到的原则。他在这样做时并没有想去形成一种有逻辑系统的理论,或自成一家的管理哲学。然而,令人惊异的是,他的观察与当前正在发展的管理理论模式十分吻合。"

孔茨是加州大学管理学的教授,曾任美国和世界管理科学院院士。他如此推崇法约尔是有原因的。1955年,他主持编撰了一本《管理学》的巨著,这是一本典型的管理教科书,传播很广,包括对中国的影响也很大。该书的主体框架是"计划、组织、人员配置、领导和控制",与法约尔的"5项管理要素"十分相似。孔茨一定相信法约尔是正确的,认为管理是一项相对独立的工作或活动,因此具有相对独立的专业知识。

如此,法约尔的"5项管理要素",即"计划、组织、指挥、协调和控制"等管理要素,在不经意中变成了各项分门别类的"管理专业职能"和"专业职能管理课程"。使那些管理学科的学生,很难在头脑中形成一个整体,完成对企业管理的整体思考。难怪有人会说,学完管理不知管理为何物;偶遇难题,却想不起来应该用哪门课程来应对。

对此，加拿大麦吉尔大学的明茨伯格教授（Henry Mintzberg）琢磨了35年，实在是忍无可忍，写了一本书《管理者而非MBA》，表达自己的不满。他说，管理不等于市场加财务、加会计、再加上诸如此类的东西。管理与这些东西有关，但并不等同于它们。把这些颜色各异的职能倒入一个称做MBA学生的空容器里，轻轻搅动，你会得到一组特殊的条纹，而不是一个复合型的管理者……另外，脱离一个具体企业的实际情况，泛泛地传授概念、方法、模型、技术和技巧，会助长人们对工具的依赖。好比一个手握锤子的孩子，周围所有的东西，在他眼里看上去都很像"钉子"，结果一定是见什么砸什么。现实的MBA教育，给了学生太多的锤子，他们毕业后一批又一批地进入企业组织，结果使得今天的许多组织机构，看上去很像一张张被砸坏了的"钉床"。

其实人们忽略了一个问题：知识不等于力量，结构化的知识才是力量。真正对企业产生影响的是管理能力以及应用管理知识的能力，而不是"管理知识"。正是这个原因，明茨伯格早在20世纪60年代，那时他还只是麻省理工学院的一位研究生，就对5名高层经理进行工作日写实，记录他们每天究竟做了些什么？结果发现他们做的事情主要是，社交联络、信息交流和决策，很难用计划、组织、指挥、协调和控制，这样抽象的概念予以概括。管理一定是具体某件事情的"管理"，管理本身不是一个客观的或有形的实体，管理不是一个相对独立而存在的职能，管理甚至不是一项"抽象"的任务、活动、工作或行为。管理作为一种职能，必须和具体的专业活动或工作行为联系在一起。我们只能借助于思维，感受到管理行为或管理要素的存在，而不能泛泛地谈论管理。这就是学生们即便记住5项管理职能，依然不会管理的原因。

应该说，法约尔提炼的管理概念、原理和方法，对具有实践经验的管理者来说，是非常有价值的。其基本立场是，"每一种管理规律和方法，只要它能巩固社会组织，使其运作简便易行，它就是原则的一种。无论多长时间，当实践经验证明它配得上这样的高度评判时，它就是原则。事态的变化决定了规则的变化，事态本身孕育了规则。"法约尔知道，实践经验对于原则应用的绝对重要性，他特别告诫后人，"没有原则，我们就要陷入黑暗和混沌；没有经验和尺度，即便有最好的原则，我们也会举步维艰。原则是为我们指明道路的灯塔：它只为知道大门开在哪里的人们服务。"

问题是，管理学科的学生往往缺乏实践经验，缺乏对一个活生生企业的"质感"，无法感知到法约尔管理思想的内在统一性。因此，很容易把法约尔的管理思想"概念化和教条化"。从这个意义上说，法约尔应该首先着眼于建立"组织理论"，帮助学生理解企业作为一个"社会组织"的内在统一性和相互关系。很可惜，法约尔受当时倡导"管理教育"这件事情的逻辑制约，与建立现代组织理论失之交臂。倘若法约尔能够从"组织理论"入手，把自己已经感知到的"企业内在的整体统一性"表达出来，就能避免理论上的发散——即看上去像在罗列毫不相关的教条。

相比之下，德鲁克更懂得如何建立管理学的理论，即把一个企业当做一个整体，着重研究一家典型企业运行的内在机理，弄清楚管理究竟是一件什么事情，究竟是一件有关什么的事情。换言之，一开始就从整体入手，搞清楚这件事情的来龙去脉，搞清楚"管理"和企业可持续发展的内在联系。经过对通用汽车公司为期18个月的研究，德鲁克弄清楚了一个组织机构存续的内在机理，写成《公司的概念》一书，建立了企业的组织理论，于1946年出版。而后，着手研究管理的相关命题，包括管理的概念、原则、途径和方法，使各项管理命题，合乎逻辑地收敛于企业的公理，包括使命、宗旨、目标和任务，使"管理"成为企业生命体的一个器官，满足企业永续经营的要求，写成《管理：使命、责任和实践》，这是一本管理学科的奠基之作，于1973年出版。

无论我们怎样评说法约尔，他的管理思想、概念、原则和方法，至今依然是公认的核心内容，依然是管理职业教育的必读著作，他是现代管理学科建设的一代宗师。

包 政

中国人民大学商学院 教授

法约尔与组织效率最大化

认识法约尔是在理解组织管理的时候,那是1993年,我第一次学习法约尔的14条管理原则。1916年,《工业管理与一般管理》发表,法约尔提出著名的"管理要素",标志着一般管理理论的诞生。只是不知道为什么,法约尔深深吸引我的地方不是他对于一般管理要素的贡献,而是在于他的理论使我终于明白——组织效率的提升来源于何处。

管理从根本意义上是解决效率的问题,从管理演变的历史来看,管理演变的第一个阶段是科学管理阶段,代表人物是泰勒,这个阶段所解决的问题就是如何使劳动效率最大化;管理演变的第二阶段是行政组织管理阶段,代表人物是韦伯和法约尔,这个阶段解决的问题就是如何使组织效率最大化;管理演变的第三阶段是人力资源管理阶段,包括人际关系理论和人力资源理论,这个阶段解决的问题就是如何使人的效率最大化。因此,如果对管理所谈的效率做细致的划分,就是劳动效率、组织效率和个人效率。而在一个高度发展和竞争的环境中,劳动效率的改善已经成为基本条件,同时因为个人需求的提升,以及满足个人需求的激励手段的不断出现,个人效率的改变也出现了前所未有的进步,但是相比较而言,组织效率的改善却不尽如人意。

为什么会出现这样的情况呢?人们总是习惯以条件变化来开脱,比如有的观点认为,组织不再是一个"封闭的系统"了。的确,组织采取的任何行动深受环境的巨大影响(当然组织自身也在很大程度上对环境产生影响),组织的行动可能会受到外部和内部的各种因素干扰而偏离了既定的方向,所以一些人会认为，既然外部环境对组织效率的影响无法控制，那我们就只好接受。又比如，也有的观点认为，组织中不再存在明确的杠杆了。以往我们习惯运用组织中明确的杠杆去做管理调整，例如我们可以通过裁员来提升组织的盈利能力，可以通过轮岗来提升管理人员的管理能力，通过流程重组来提升组织的效率，但现在这种简单的线性关系已经不存在。也许你在裁员的时候，竞争对手已经通过新产品替代了你的企业产品，你在提升管理者能力的时候，市场已经需要全面的技术升级换代。我们习惯的努力也许得不到你所想要的结果，因为今天已经不是"种瓜得瓜，种豆得豆"的时代。这个观点也是对的，所以当人们因此认为组织效率更加无法进行明确的调整时，我们似乎也无法不同意他们的观点。但是，如果真的如此，组织就真的无法适应这个变化的环境，也就无法真正发挥管理的功效，所以这并不是真实情况。

组织以它自身独特的特性——系统化的人的组合来发挥作用。之所以有上面的误区，是因为我们在今天的管理中，忽略了法约尔最初提出的 14 条管理原则中的两个关键问题，而对这两个关键问题的理解，构成了组织管理的基础，影响着组织效率的提升。这两个关键问题是：专业化能力和等级制度。

法约尔从管理职能讲起，不断地比较企业中高层领导者与基层管理人员的能力价值，不断地强调员工能力贡献的重要性，特别分析了在各种类型的企业中，基层人员和领导者之间能力的特征，他明确地得出如下结论：

- 工人的主要能力是技术能力。
- 随着等级地位的提高，管理能力的重要性递增，同时技术能力的重要性递减。在第三或第四阶层，两种能力趋于平衡。
- 经理的基本能力是管理能力。等级越高，对其管理能力的要求越高。
- 商业、金融、安全和财务能力在第五阶层或第六阶层有其最大的相对重要性。随着等级地位继续提高，这些能力在总体价值中的比率会降低并趋于平衡。
- 从第四和第五阶层开始，管理能力所占比率随其他比率的减少而增加，其他比率接近总值的 1/10。

他将其归纳为：低层员工的基本能力具有公司的专业特征，领导人的基本能力是一种管理能力。为了能够让所有人具有这些专业能力，法约尔特别强调了管理教育的重要性。

法约尔在阐述 14 条管理原则的时候，我们不难看出他是围绕四个关键问题展开的，这四个关键问题是：

- 劳动分工
- 等级与职能过程
- 组织结构
- 控制范围

而对于这四个关键问题的诠释和理解，法约尔都是在不断地强调专业化与分工、分责、分权之间的关系，甚至在谈到人员报酬、个人利益、团结等原则的时候，也是在分责的前提下来谈论，对于等级链、统一指挥、统一领导、集中、秩序、公平等管理原则的阐述，也一直在表达对于分责的理解和认识。

本书的最后一部分，也是法约尔对于管理理论最为重要的贡献，即一般管理要素的提出。我本人也深受这些一般管理要素的影响。目前我们仍然是沿着法约尔为我们所指引的管理路径在前进，无论世事如何变化，环境如何变化，管理能够发挥的职能仍然是法约尔早在 1916 年就提出的这些要素，但是最为关键的不是这些要素本身，而是法约尔所强调的观点：专业从事管理工作。他在阐述这些管理要素的时候，甚至分析到对大型企业的领导者和小型企业的领导者，管理要素的要求并不相同。

当我们能够掌握法约尔的所有原则时，我们也就会明白：组织效率最大化的手段是专业化水平与等级制度的结合。

所以一方面，我们需要强化专业化水平，无论是管理者、领导者还是基层人员，只有以专业化的水平进行管理，才能够算是胜任了管理工作；另一方面需要明确的分责分权制度，只有职责分工清晰，权力分配明确，等级安排合理，组织结构有序，管理的效能才会有效发挥。专业化水平与等级制度的结合正是组织效率最大化的来源。

随着环境变化的加剧,对于组织的要求越来越高,组织一方面需要保持与外部环境变化相一致,另一方面,又需要保持组织效率本身对于变化的超越能力,所以今天来重读法约尔的《工业管理与一般管理》,有着更为现实的意义。我们之所以出现组织效率的困境,是因为忘记了组织管理自身的一般规律,忘记了专业化水平的提升和等级制度的建立,从而偏离了组织管理的轨迹。无论环境如何改变,如果想和环境变化保持一致,那么我们就必须不断地反问自己:**什么类型的专业化和等级制度才能使组织效率最大化**?

陈春花

管理学者

前言
Preface

大千世界几乎所有的领域，大的、小的、工业、商业、政治以及宗教，管理都发挥着主导作用，且充当了非常重要的角色。在此我想表述的是，到底如何让管理充分发挥其作用。

我的论述分为四个部分：

第一部分：管理教育的必要性及可能性

第二部分：管理的原则和要素

第三部分：个人观察和经验

第四部分：战争的教训

前两部分构成第一卷（即本书），它是根据1908年在圣·艾蒂安举行的法国矿业协会50周年庆典时，我向学术研讨会递交的论文为基础发展而成的。第三和第四部分集结成第二卷，不久以后将面世。[一]

[一] 第三部分和第四部分始终未曾出版。——译者注

Administration Industrielle Et Générale

第一部分

管理教育的必要性及可能性

Administration Industrielle Et Générale

第1章

管理的定义

企业内的所有活动都可分为如下 6 个方面：

1. 技术职能（生产、制造、加工）
2. 商业职能（采购、销售、交易）
3. 金融职能（筹集和管理资本）
4. 安全职能（员工及财产保护）
5. 财务职能（财产清单、资产负债表、成本、统计等）
6. 管理职能（计划、组织、指挥、协调和控制）

企业无论大小，简单还是复杂，都存在这 6 种主要的、不可或缺的活动。

前 5 种活动为人们所熟识，几句话即可区分和判定各自的活动领域，而管理方面则需要进行更多的阐述和说明。

技术职能

技术职能相比较而言最为重要，通常所有性质的产品（物质的、智力的、精神的）都出自技术人员之手；我们的职业学校几乎都是单一的技术教育；它给技术人员提供职业出路……所有教育都是为了培养一种技术能力，由此，技术能力虽被突出了，却将其他必要的能力掩盖在其阴影之下，即使有时这些能力在公司的运作和成功中更加重要。

然而，技术职能并不总是全部职能中最重要的。即便在一个工业企业中，也存在这样的情况，即相对技术职能而言，某种其他职能对公司运作有着更重要的影响。

请务必不要遗忘这 6 种职能活动既彼此独立又相互依托。比如，技术职能无法在没有原材料、产品销路、资金、安全性和预见性的情况下而独立存在。

商业职能

一个工业企业的成功经常既依托于技术职能，也同时依赖于商业职能。如果产品销售不出去，企业就会破产。

明白如何采购和销售，同知道如何生产同样重要。

商业技巧需要敏锐的眼光和决断能力，它来自对市场的深刻认知，对强有力竞争对手的深入了解和对市场走向的长远预见，并且，对大公司来说，协议的应用也越来越重要。

最后，当企业的某项产品从一个部门转到另一个部门时，商业职能则集中体现在"订货价格"上，也就是说，由企业决策层制定的价格不应使企业陷入危险的境地。

金融职能

无投资即无回报。我们必须有一定的资本用于支付员工工资、不动产、设备、原材料、分红、修缮、储备金等；而且应该建立一种灵活的金融管理体系，以便获取资本和抽取适当的流动资金，避免莽撞危险地投资。

许多本来应该成功的企业都败于资金匮乏。

没有流动资金或商业信贷，任何改革和改善都寸步难行。

成功的一个基本条件就是能够随时掌握公司的财务状况。

安全职能

安全职能以保护财产和员工安全为目的，预防偷窃、火灾、水灾，避免罢工，示警恐怖事件，等等。总之，应消除所有可能危害企业发展甚至生存的一切障碍。

它是指企业主的保镖、个体企业的看家犬、警察或国家军队。更广义地来说，它是指保护企业安全、提供给员工所需安全感的所有措施。

财务职能

财务职能是企业的视觉器官，让我们随时了解企业状况和发展方向。它能精确、清晰、详尽地提供公司的经济信息状况。

有效的财务职能简单、清晰，且能对企业状况进行精确的分析，是管理企业的强大工具。

像其他组织职能一样，对财务职能来说，把它普及到启蒙教育也是必要的。高等工业学校教育中对这一职能的忽略，说明人们并没有认识到它能给我们带来什么。

管理职能

前5种组织职能都无法掌控企业行动的整体规划，建立公司组织结构，调配各种力量及协调各种职能行为。这些活动既不属于技术职能，也非商业、金融、安全或财务职能。它们构成了另一种职能，即我们通常所称的管理职能，其权限总是难以界定。

毫无疑问，如我们所知，计划、组织、协调和控制是管理职能的一部分。

是否该把指挥也加入其中呢？这倒不是绝对的，我们可以把它作为一个独立研究的项目。然而，我决定把指挥也归纳到管理中去，这样做是基于如下理由：

1. 招聘、人员培训和公司组织结构的建立，这些属于管理职责范畴的活动都和高层的指挥活动密切相关。

2. 多数的指挥原则都是管理原则。管理和指挥紧密地联系在一起。用一种简单便于研究的观点来看，把两种功能合二为一更易于研究。

3. 这种组合有利于形成一种重要的职能。除此之外，它至少应该同技术职能一样引起并保持公众的注意力。

因此我采用如下定义来解释管理职能：

管理：是计划、组织、指挥、协调和控制。

计划：即预见未来和拟订行动计划。

组织：即建立一个双重性机构，它既有物质性也有社会性。

指挥：即让人们去执行。

协调：即沟通、联合，并使所有行为和力量达到和谐统一。

控制：也就是说遵照已有规则和既定程序，监督事物的运行。

因此，管理职能并非一种专有特权，也不是某个负责人或企业领导的个人责任；同其他基本职能一样，这是一种由组织领导和组织所有成员共同行使的职能。

管理职能明显区别于其他基本职能。

千万不要混淆**管理职能**和**领导职能**。

领导：带领企业达到目标，利用企业所拥有的资源，尽可能地获取最大利益，保证6种基本职能的和谐运转。

管理：仅仅是这6种职能中的一种，由领导来保证它的运行。但是由于管理在企业高层领导心目中占据相当重要的位置，以至于有时候人们认为领导的角色就是单纯的管理。

Administration Industrielle Et Générale
第2章

构成企业员工价值的各种能力的相对重要性

每项组织职能，或叫作基本功能，都有其相对应的专门能力。让我们来分别分析一下技术、商业、金融、管理等职能。

每种能力都建立在一系列素质和知识上，我们总结如下：

1. 生理素质：健康、精力、敏捷。

2. 智力素质：理解和学习能力、判断能力、脑力、头脑的灵活性。

3. 道德素质：毅力、坚强、承担责任的勇气、创新精神、献身精神、机智、自尊。

4. 综合文化素养：具备各种非专业领域内的知识。

5. 专业知识：它同专门职能相关，即涉及技术、商业、金融、管理等职能的专业知识。

6. 经验：它是实践总结的认识，是人们在实践中取得的经验教训。

这些素质和知识的总和组成了某种基本能力，它包含生理素质、智力素质、道德素质、综合文化素养及一项专门职能所涉及的专业知识和经验。

构成能力的每种因素的重要性同职能的重要性和性质有关。

在初级小公司里，所有职能都由同一个人完成，显然，需要能力的程度也会降低。

在大公司里，各种重要职能被执行，人们必须掌握多种高水平的能力；但是由于各种职能是由众多职员分担的，所以每位职员通常也只需要掌握所有能力中的一部分。

虽然在这方面不便于用数字来说明，但我还是尽量用数字来表示每种能力在公司领导和员工价值中的相对重要性。

在表2-1中，比较了大型工业企业中技术职能人员应具备的各种能力的相对重要性。

在表2-2中，比较了各种类型工业企业领导人的必要能力的相对重要性。

表 2-1　大型工业企业中技术职能人员应具备的各种能力的相对重要性（%）

人员类型	类型						总价值
	管理	技术	商业	金融	安全	财务	
大型企业：							
工人	5	85	—	—	5	5	100 (a)
工长	15	60	5	—	10	10	100 (b)
车间主任	25	45	5	—	10	15	100 (c)
分厂厂长	30	30	5	5	10	20	100 (d)
部门经理	35	30	10	5	10	10	100 (e)
经理	40	15	15	10	10	10	100 (f)
联合企业：							
总经理	50	10	10	10	10	10	100 (g)
国家工业企业：							
部长	50	10	10	10	10	10	100 (h)
国家首脑	60	8	8	8	8	8	100 (i)

表 2-2　各种类型工业企业领导人的必要能力的相对重要性　　（%）

领导人类型	类型						总价值
	管理	技术	商业	金融	安全	财务	
初级企业	15	40	20	10	5	10	100 (m)
小企业	25	30	15	10	10	10	100 (n)
中型企业	30	25	15	10	10	10	100 (o)
大型企业	40	15	15	10	10	10	100 (p)
超大型企业	50	10	10	10	10	10	100 (q)
国家企业	60	8	8	8	8	8	100 (r)

在观察了表 2-1 得出的结论适用于工业企业中各种职能的员工，观察表 2-2 得出的结论适用于各种类型企业的领导之后，我由此得出如下结论：

在各种类型的企业中，低层员工的基本能力是具有该公司特征的专业能力，而领导人的基本能力则是管理能力。

大型工业企业中技术职能人员应具备的各种能力的相对重要性

员工组成了以下等级：工人、工长、车间主任、分厂厂长、部门经理、经理。

如果企业包含几个不同的大型机构，那么等级制度中就需要加上总经理。

如果企业是国家工业企业，那技术等级要经过一位部长，一直追溯到国家元首。

表 2-1 列出了每个职员的每一项基本能力在其总体价值中所占的比率。

在任何情况下，一个完美的人的总体价值用数字 100 表示，工人、部门经理或国家元首的完美值都做如此表示。

需要特别指出的是，这里不将工人的价值和工长、经理或国家元首的价值进行比较，因为这些不同的价值并不存在共同的衡量尺度。这里的 a, b, c, d, …, m, n, o, p, … 性质不同，重要性也不同；它们的组成成分在不同等级中变化着，下属人员和公司的高层领导人即便有相同名称的能力，但是无论就技术、管理或其他所有能力而言，它们毫无共同之处。

表 2-1 ~ 表 2-2，以及图 2-1 ~ 图 2-3，试图解释的是在一个人的总体价值中各种相关能力的重要性。

无论这些职员从事的是什么工作，我为他们的总体价值确定了各项能力的比率分配，这仅仅是我个人的观点，因此可能会引起争议，我也确信它们会被议论纷纷的。但是我同时认为，即便在评估上有分歧产生，由表 2-1 提炼出的结论仍具有普遍意义。

结论如下：

1. 工人的主要能力是技术能力。
2. 随着等级地位的提高，管理能力的重要性递增，同时技术能力的重要性递减。在第三或第四阶层，两种能力趋向平衡。
3. 经理的主要能力是管理能力。等级越高，对其管理能力的要求越高。
4. 商业、金融、安全和财务能力在第五阶层或第六阶层有其最大的相对重要性。随着等级地位继续提高，这些能力在总体价值中的比率会降低并趋于平衡。

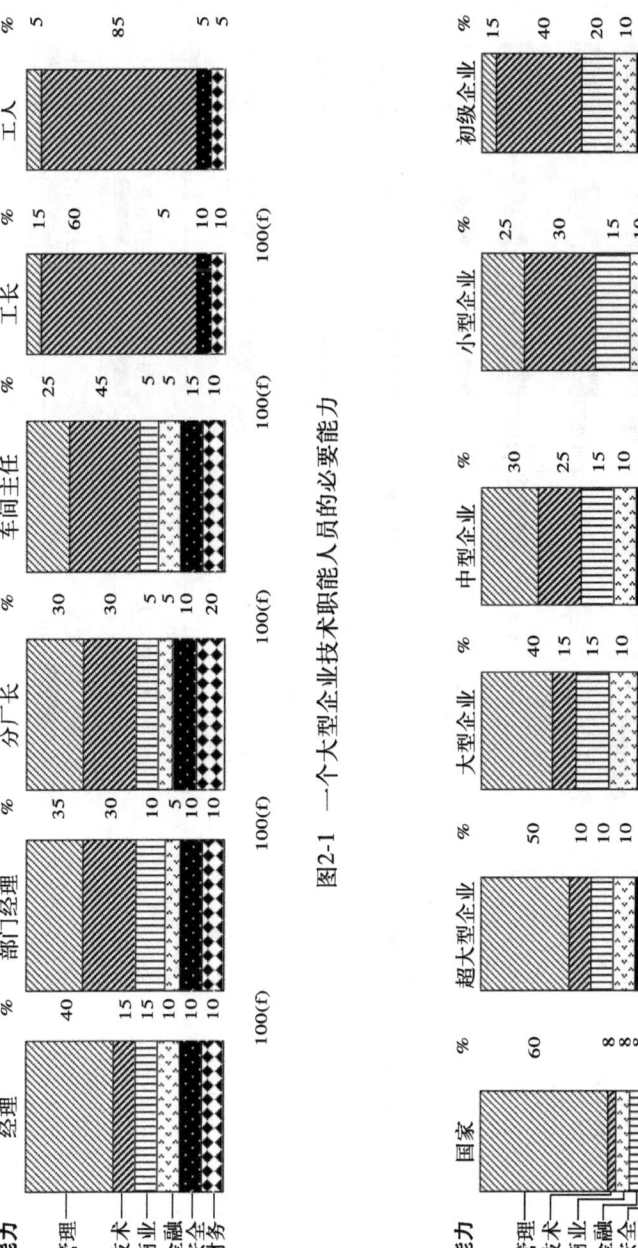

图2-1 一个大型企业技术职能人员的必要能力

图2-2 各种规模的工业企业领导人的必要能力

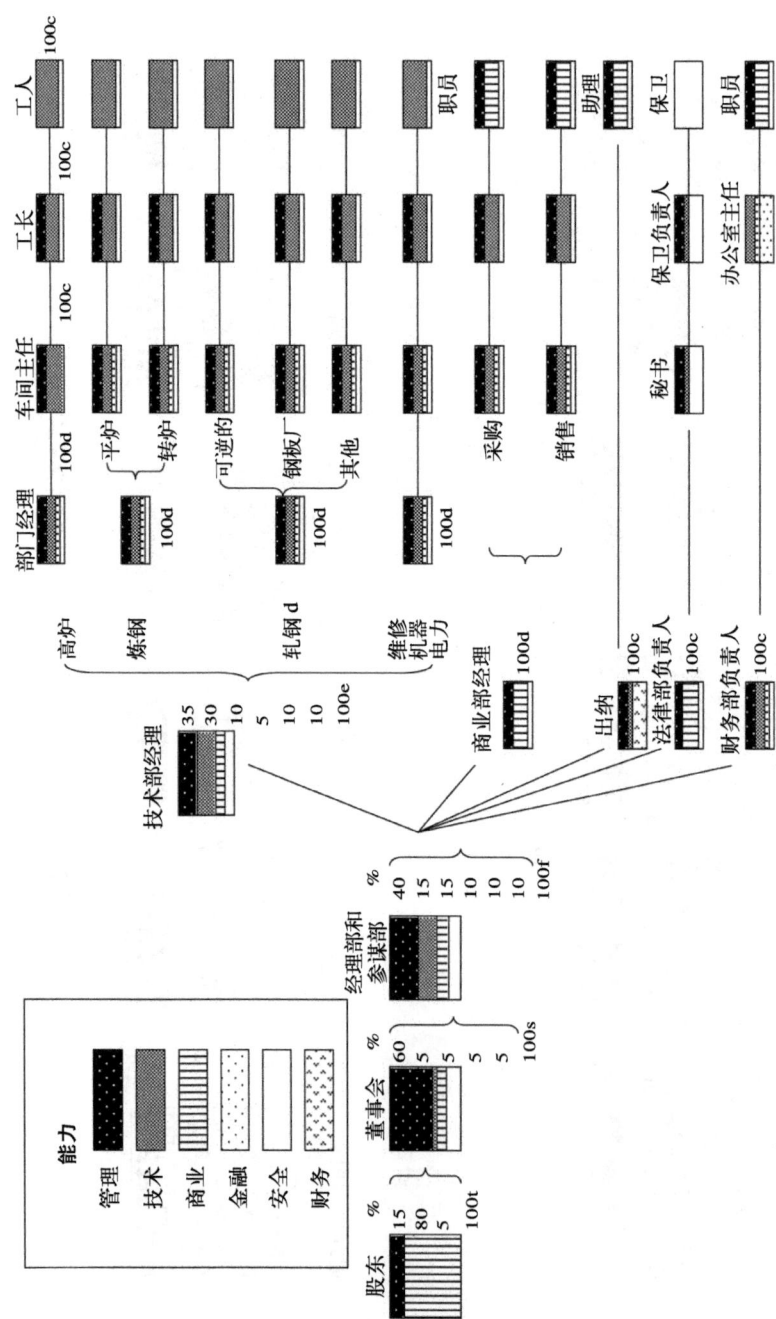

图2-3 大型冶金企业各成员必备能力的相对重要性

5. 从第四和第五阶层开始，管理能力所占比率随其他比率的减少而增加，其他比率接近总值的 1/10。

上述结论从研究技术职能人员的能力中得出，这些人员包括从工人到企业领导人。

这些人员没有一个是专门从事技术工作的，他们都或多或少地需要其他职能来协助工作，我们前面提到的总经理更应是一位出色的管理者，而非技术专家。

在对工业企业其他职能的个人能力研究中——商业的、金融的、安全或财务的——我们发现了它们的相似之处，得出了与此一致的结论，只是技术能力这个词应该用具有职能特征的词代替而已。

不管哪种职能，下属职员的主要能力需具有某种职能特征（金融职能中的金融能力，商业职能中的商业能力，技术职能中的技术能力），而高层人员的主要能力是管理能力。

各种类型工业企业领导人的必要能力的相对重要性

表 2-2 同表 2-1 的构成方式一致，一个完美领导人的总价值仍用数字 100 表示。

每种类型领导人的各种能力应占有的比率是根据我个人经验确定的。

我们能从表 2-2 中提炼出如下结论：

1. 小型工业企业的领导人的主要能力是技术能力。

2. 随着企业等级的升高，管理的相对重要性增加，与此同时技术能力相应降低。在中型企业中这两种能力达到等值。

3. 大型企业领导的基本能力是管理能力。企业越大，管理能力越起主导作用。

4. 相对中低层技术人员，商业和金融能力对中小型企业领导人有更重要的作用。

5. 随着企业规模的扩大，管理所占比率逐渐突出，其他能力趋于水平，大约占总体价值的 1/10。

由表 2-2 可知，任何类型的企业领导人，包括最小企业的，都需要具备商业和金融能力；而由表 2-1 可知，技术职能的低层人员几乎可以将商业和金融能力忽略。除此之外，表 2-1 和表 2-2 提炼出的结论很相似。

这两个表格突出了以下事实：

技术能力是大型企业的低层人员和小型工业企业主的基本能力；管理能力是高层领导者的基本能力。技术能力对工业企业下层起支配的作用，管理能力则在上层占主导地位。

从组织和领导的双重视角来看，这一事实对二者皆很重要，因此我不吝笔墨，用多种方法阐述它，以便大家能了解这一事实。

为此，我编制了表 2-1 和表 2-2，绘制了图 2-1 和图 2-2，它们是表 2-1 和表 2-2 的另一种表示形式，由此我又绘出了图 2-3。

编制这些图表的目的是为了让公众注意到工业企业管理职能的重要性。技术职能长久以来已经物就其位，但是它并不能保证企业顺利发展，因为它必须有其他基本职能的协作，尤其是管理职能的协作。

同先前研究工业企业领导人和员工的必要能力一样，对每种类型的企业领导人和所属人员的必要能力的研究都可以得出同样的结论。

这些结论概括如下：

在所有类型的企业中，下层员工的主要能力是具有企业专业特征的能力，而高层领导者的主要能力是管理能力。

人们普遍需要对管理理念的认知。

Administration Industrielle Et Générale
第3章

管理教育的可能性和必要性

我们已经认识到企业的各项活动包含6种必要职能的执行和实施，如果某一职能未被执行，企业可能会由此而倒闭，至少会因此而衰弱。所以不管哪种类型的公司，它的人员都应该能够完成这6种职能。

我们还看到，大型公司的高层员工最主要的能力就是管理能力。

因此我们确信，专门的技术教育无法满足公司的一般需要，即便那是一家工业企业。

然而，当人们理智地、尽其所能地传播和改良技术知识时，在我们的工业学校中却并没有为我们未来的领导者提供商业、金融、管理或者其他职能的知识。

管理甚至没有列入我们高等土木工程学校的教育规划中。原因何在？

人们不承认管理能力的重要性吗？

不是的。假设在工人中间选工长，在工长中选车间主任，在下属员工中选经理，从来不是，或基本上不是根据技术能力来决定选拔的。当然，我们知道确实需要必要的技术能力，但是，事实上参选者的技术能力几乎是相同的，所以人们总是优先选择那些具备更好的仪表、更高的威望、更强的条理性、更强的组织及其他才能的人，这些才能全都是管理能力的一部分。

是否管理能力只能在业务实践中获得呢？

我非常明白这是人们能够想到的自圆其说。但事实上，这毫无价值。管理能力同技术能力一样，首先能在学校获得，其次可以在车间内获得。

在我们专业的学校中，缺少管理教育的真正原因是教育理论本身的缺乏。没有理论，就不可能有教育。然而，我们还没有一个经过大众探讨从而被确立认可的管理理论。

个人管理理论并不匮乏，我们缺少的是众所公认的理论。每个人都自认掌握了最好的方法，我们随处可见在这一思维方式下，国家、家庭、军队、工业中各种矛盾重重的实际工作方法。

在技术领域里，如果领导人违反了某些既定规则，他的威望则可能被质疑，而在管理领域里，领导人却可能无所顾忌地做些惹恼大家的事。

对所使用的方法，我们无法用方法本身来评判，但可以通过其结果来判断。可是结果常常很遥远，而且通常很难找到因果关系。

如果存在一种公认的理论，是经过大众经验认证的一套原则、规则、方法和程序，那情况自然不同。

原则并不缺乏，如果只需公布原则就能让它们流行开来的话，我们也许可以到处享用到最好的管理。谁不是上百次听人们宣传权威、纪律、个别利益服从整体利益、统一领导、协调力量、计划等重要原则的必要性啊？

应该知道宣传本身并不够。原则之辉，若灯塔之光，仅能为我们指引道路。一种原则，如无方法实践，即毫无成效。

方法从不缺乏，它们不计其数。但是由于缺乏管理理论，在家庭、车间或国家事务中，好的和坏的方法鱼龙混杂，公众无法判别这些管理行为。

因此尽早建立一种管理理论实为重要。

如果几位高层领导决定阐述他们简单易行的正确原则，以及使原则恰如其分地实现的有效方法，那么管理理论的建立就并不遥远，也不困难。通过他们之间的比照和讨论，智慧光芒必将迅速熠熠生辉。但是大部分高层领导没时间也没兴趣写作，他们通常既无学说传世，也无门徒追随，他们如此消失不留一丝痕迹，因此不要太指望这部分资源。

所幸建立一种理论而做的有益探索无需掌控一家大企业，也不必进行一项高深的研究。

最微小的正确发现都有其益处，我们希望，一种思潮一旦建立，就不要遏制它，让它引发公众讨论，从而确立理论。这就是我发表本研究的目的。

我希望一种理论能由此产生。

理论建立了，还应该解决教育的问题。

人们或多或少地需要管理知识。

对家庭或国家事务而言，对管理能力的需求与事务的重要性有关；对个人而言，如果其职位越高，管理能力就越重要。

因此管理教育应该普及：在小学里学习初级知识，在中学里扩展一些，在高等学府里要深入阐述。

教育并不能让所有学生成为优秀管理者，如同技术教育也没有把所有学生造就成工程师一样。我们仅希望管理教育能起到和技术教育同样的效果。何乐而不为呢？更重要的是启蒙年轻人理解和运用经验教训。现在，初学者并无管理理论，也无方法，很多人终其一生也仅仅是初学者。

因此应该在一切可能的范围内，尽其所能地传播管理理论。学校显然义不容辞地承担着教育重任。

在高等学府里，当管理学成为教育的一部分时，教授们该会知道如何正确地撰写教案。

设想初级管理教育应是什么样就比较困难了。我试着做这一课题，并不奢望成功，我确信有老师能比我更好地提炼管理理论，并用适当的方法教给学生。

Administration Industrielle Et Générale

第二部分

管理的原则和要素

Administration Industrielle Et Générale

第4章

管理的一般原则

管理职能只是作为社会组织的手段和工具。其他职能与原材料和机器有关，而管理职能只和人有关。

社会组织的良好运行取决于某些条件，人们几乎不加区别地将它们称作原则、规律或规则。我更喜欢使用原则这个词，但要让它摆脱僵硬的概念。管理方式绝不是死板和绝对的东西，它完全取决于一个"度"。在同样的情况下，我们几乎从不重复使用同一原则，这是因为应该考虑纷繁变化的情况、不同的人和其他一些易变因素。

原则是灵活的，适用于任何事情，重要的是应知道如何运用它。这是一门艰辛的艺术，它苛求智慧，需要经验，要求决断力并要注意方法。经验和机智孕育了权衡评估事物的能力，它是管理者需要具备的基本素质之一。

管理原则可以有很多，并无一定限制。每一种管理规律和方法，只要它能巩固社会组织，使其运作简便易行，它就是原则的一种。无论多长时间，当实践经验证明它配得上这样的高度评判时，它就是原则。事态的变化决定了规则的变化，事态本身孕育了规则。

回顾几年来我经常使用的管理原则，主要包括：

1. 劳动分工

2. 权力与责任

3. 纪律

4. 统一指挥

5. 统一领导

6. 个人利益服从整体利益

7. 人员报酬

8. 集中

9. 等级链

10. 秩序

11. 公平

12. 人员的稳定

13. 创新精神

14. 团结精神

劳动分工

　　劳动分工属于自然规律：体现在动物界，一种生物承担不同功能的器官分化程度越高，它就越高级；体现在人类社会，社会组织越重要，机构和职能联系就越紧密。随着社会的发展，新的机构会不断涌现，以代替从前担负全部职能的单一机构。

　　劳动分工的目的是为了在同样的付出下能够得到更多更好的产出。

　　工人一直做同样的零件，领导一直处理同样的事务，他们就会熟能生巧，自信而又精确，这样就提高了生产率。任何岗位上的工作变动都需要人们适应性的努力，这会导致生产率降低。

　　劳动分工可以减少人们必须给予关注和付出努力的劳动对象的数目。人们已经认识到这是利用个体和集体的最好方法。

　　劳动分工不仅应用在技术工作上，也适用于其他一切工作，只要这些工作或多或少涉及多个人完成，或需要多种类型能力的，就都概莫能外。劳动分工的结果是职能专业化和权力分离。

　　虽然劳动分工的优势被普遍认知，而且如果没有科学家和艺术家的专业化工作，我们也不能想象社会发展的可能性，但是劳动分工有它的局限性，实践经验及相应的尺度感告诉我们这些局限无法跨越。

权力与责任

权力，是指挥权，是让他人服从的权利。

对于一位领导者，我们将其权力和个人威信区别开来，权力的界定取决于职能，个人威信源自智慧、知识、经验、道德价值、领导天赋、奉献精神等。作为一名优秀的领导者，个人威信对规定的权力有不可或缺的补充作用。

我们无法想象没有责任的权力，也就是说，我们无法设想在执行权力的过程中没有奖惩（奖励或惩罚）。责任是权力的伴生物，是自然的结果，是必要的补充。权力所到之处，责任随之而生。

对奖惩的需要源自公义感。为整体利益考虑，我们应该鼓励正确的行为，有效杜绝其他一切错误的发生，这反过来又进一步扩大和增强了对奖惩的需要。

在执行权力过程中进行奖惩是良好管理的基本条件。通常这很难实现，尤其是在大公司里。首先应该确定责任的范围，然后再确定奖惩的标准。然而，设定一个工人的工作责任和相应的奖惩力度是相对容易的，但对一个工长的管理责任设定就比较难了。在组织中，级别越高，管理行为越复杂，参与人数越庞大，离终极结果越远，就越难以在终极产品中显现最初权力的影响，也就越难建立领导的责任标准。这种责任评估，无法找到它的相应对等物，因此很难进行计算。

奖惩涉及范围、使用方法和惯例，仲裁者要考虑到事件本身、它的发生背景以及它可能造成的影响。仲裁需要有高尚的道德观、公正和坚定性。如果这些条件无法满足，恐怕责任感也就会在企业中消失了。

勇于承担责任能够赢得尊重，任何时候它都是一种值得钦佩的勇气。为此，我们有一个明显的例证，那就是某些工业企业领导的待遇要比那些相同级别但没有责任的国家官员的待遇高很多。

但是人们追求权力的同时，通常害怕承担责任。害怕承担责任会麻痹人们的主动性，同时破坏许多好品质。

优秀的领导者应该自觉地表现出承担责任的勇气，且能够感染他周围的人。

防止高级领导人滥用权力的最有效保证是其个人的价值观，尤其是高尚的道德价值观。我们知道，这种品质，既和选举无关，也同财富无涉。

纪律

纪律本质上就是公司和员工之间达成的协议，它表现为服从、勤勉、行动、忍耐及尊重。

不管这些协议是否预先经过自由讨论，不管它们是书面的还是被默认的，也不管它们是各方意志还是法律和准则的结果，正是这些协议决定了纪律的形态。

各种各样的协议形成了纪律的特点，自然它以迥然不同的形式呈现服从、勤勉、行动和忍耐的特性。这些特点，在不同的公司里，在同一公司里的不同部门中，在不同的地区间，在不同的时段里，表现都会不同。

然而，为了企业的良好发展，纪律是不可或缺的；没有纪律，任何公司也不能繁荣发展，这已是深入人心、众所公认的。

这种观念活灵活现地展现在军事课本中：人们能读到"纪律是军队的主要力量"。如果再加一句"纪律是领导造就的"，我就毫不保留地赞许这一格言。第一句鼓励人们尊重纪律，这十分正确，但忽略了领导的责任，这就很不恰当。实际上任何一个社会组织的纪律状况都取决于领导者的才能。

当出现缺乏纪律或领导和下属间的协调有待改进时，千万不要只是不加思考地把责任归咎于团队。大多数情况下，这都是领导不力的不良后果。

至少，我在法国不同地区观察到，当法国工人被正确领导时，他们总是会服从，甚至是竭尽全力地工作。

就影响纪律的因素而言，领导是一方面，协议应算另一方面。协议务必要清楚明白，条理分明，尽可能让双方满意。这很难实现，这里我们有广为人知的证明，最近几年，在法国和其他国家都发生了煤矿工人、铁路工人或公务员大罢工，它们都危害了国民生活，这些都是因为协议的争议或规章的不足引发的。

半个世纪以来，公司和员工的协议确立模式有了深刻改变。过去，协议由雇主单独制定，现在，它已被雇主（或雇主团体）和工会间进行的协商所取代。这样就削减了每位雇主的权力，而且由于国家越来越多地干预劳工问题，雇主权力再次得到了削减。但是，制定有约束力的协议及其中的纪律模式，仍旧是企业领导人首要关注的问题。

企业利益使得某些能杜绝或减少违反纪律行为的惩罚不容忽视。领导人的经验和机智表现在选择惩罚的方式和力度上，如：警告、批评、罚款、停职、降职、撤职。务必要考虑个人情况和背景环境。

简单地说，纪律就是遵守协议，它要求人们服从、勤勉，做出行动并表现出相应的尊重。

纪律应一视同仁，既约束最高领导人，也规范下属员工。

制定和维持纪律最有效的方式是：

（1）各级优秀的领导。

（2）协议既清楚明了又尽可能公平。

（3）合理应用惩罚。

统一指挥

不管什么行动，下属都应该只听从一位领导的命令。

这就是"统一指挥"准则，一项普遍的、永久必要的准则。我认为它和任何一种原则一样，影响着事物的运行。如果它被违反，权力就要被损害，纪律就要被破坏，秩序将会混乱，稳定受到威胁……我觉得这是一项基本准则，因此我把它归类为原则。

一旦两位领导对一个人或一项事务行使权力，问题就出现了。如果事情持续得久，那问题更多，就好像被陌生异物折磨的动物机体一样，不胜其扰。所以，我们得出如下结论：

要么停止双重指挥，撤销其中一位领导，让公司重新健康发展；要么组织日渐衰败。

在任何情况下，都没有哪种社会组织适合双重指挥的。

然而，双重指挥极为常见，祸害不小。上至国家，下至家庭，再加上大大小小的公司都领教过它的苦头。最可怕的是，它还总以一些冠冕堂皇的借口渗入社会组织。

（1）渴望被更好理解，或希望赢得时间，或想立刻终止糟糕的操作，C2领导不通过C1领导就直接命令其下属。

如果这种情况再三出现，那就是双重指挥。它会导致下属踌躇不前，被晾在一边的C1领导感到不满，觉得被冒犯，心绪不宁，工作出现混乱。

我们以后会发现，如有必要，可能要避开等级路径，这样还能避免双重指挥的弊病。

（2）由于想避免在两位合伙人、两个朋友或家庭的两个成员间分配权力的直接困难，因而从一开始就让事态陷入双重指挥的境地。两位合伙人有同样的职权，对相同的下属拥有一样的权力，这不可避免地要出现双重指挥的后果。

尽管教训惨痛，但类似的事件仍层出不穷。新合伙人相信他们感情深厚，有共同的利益，有能力预防一切争端，即便是最严重的意见分歧，他们也能调和。除了极罕见的事例，这种幻觉并不长久。开始时彼此感到拘束，继而是某种恼怒情绪，甚至如果这种双重指挥一直存在，随着时间的流逝，仇恨都将滋生。

人们无法接受双重指挥。

合理的职权分配能减少这种危险，但却无法让它完全消失。因为，两位同级别领导总要遇到同样的问题。因此在建立企业组织时，在同样的级别上安排不区分职权的两个领导，那只会加速失败。

（3）部门界限不清也会导致双重指挥：两位领导，都有权在一个领域内发号施令，都认为这个领域就是他的管辖范围，这就是双重指挥。

（4）各部门间没完没了地联系，职能自身的紊乱，职权模糊，这些情况经常会持续不断地导致双重性危害。如果审慎的领导不能正确地理清脉络，在企业运行中就会发生越权，从而危害企业自身的利益。

在人类社会中，举凡工业、商业、军队、家庭或国家中，双重指挥永远是冲突的源头，有时会带来十分严重的后果，这应该引起每位领导的重视。

统一领导

这一原则可以这样表述：为达到一个共同目标，由一位领导人，按照统一规划，领导并协调全体行动。

这是统一行动、调配力量、集中优势的必要条件。

在社会生活中，组织有两个领导就像动物界中的双头怪兽，它很难存活。

不要混淆**统一领导**（一位领导，一个计划）和**统一指挥**（下属只能服从一位领导的命令）。人们通过建立完善的社会组织来实现统一领导，统一指挥则取决于个人如何发挥作用。

没有统一领导，统一指挥就不存在，但统一指挥并不仅来自于统一领导。

个人利益服从整体利益

这项原则是指：在公司中，员工的个人利益或员工的团体利益，不能凌驾于公司利益之上；家庭利益要排在任何一位成员利益之前，国家利益高于公民个体或公民团体的利益。

似乎没有必要强调这一规定。但无知、野心、私心、懒惰、软弱，所有这些人类情感都倾向于为个人利益放弃整体利益。这是一场旷日持久的斗争。

但是，当我们面对在不同范围内的两个同样需要重视的利益时，应该寻找妥善解决它们的办法。这是政府工作的重大难题之一。

解决的方法如下：

（1）领导者的坚定性和典范作用。

（2）协议尽可能公平。

（3）认真监督。

人员报酬

人员报酬是所付出劳动的回报价格。它应该尽可能地公正，让员工和公司、雇员和雇主都满意。

首先，报酬率应该根据独立于企业主意志和员工才能之外的现实情况而定，诸如生活费用的高低、人员充足或稀少、业务的一般状况、企业的经济状况，等等；然后，再参考员工的才能，最后，决定于采用的报酬模式。

评估企业主意志和员工的价值需要足够强的专业知识、判断能力和公正性。我们以后谈到人员招聘时，再研究员工价值的评估。现在我们讨论报酬，只谈报酬的模式。

人员报酬模式对企业有重大影响，因此选择何种模式至关重要。但这并非易事，事实上有很多迥然不同的解决方式，但直到现在，也没有一种是绝对令人满意的。

以下是我们通常选用报酬模式的标准：

（1）它确保报酬公平。

（2）它激发热诚，奖励有效的努力。

（3）不会产生过多的超出合理范围的报酬。

我将简单地阐述一下适用于工人和中高层领导的报酬模式。

工人

适用于工人的几种报酬模式如下：

（1）按劳动日付酬。

（2）按任务付酬。

（3）计件付酬。

这三种报酬模式可以混合使用，并衍生了其他一些重要的报酬形式，如奖金、分红、实物补助、精神奖励，等等。

按劳动日付酬　这种方式是指在一定条件下，按照事先商议的价格，工人出卖一天的劳动给企业主。

这种方式的不妥之处在于容易出现玩忽职守，所以必须用心监督。

但是当无法计算工作效率时，那就非此不可。总之，它非常有用。

按任务付酬　这里工资取决于事先确定的任务执行情况，它可以同任务完成的期限无关。当要求任务必须在一定的时间内完成，工资才能被支付时，这种付酬方式就同按劳动日付酬混淆起来了。

同按劳动日付酬相比，按劳动任务付酬可以不用认真监督。但它有个缺点，就是把精通业务的工人效率降低到和不太熟练的工人相同。熟练工人会不高兴，因为他们认为他们能赚更多，不太熟练的工人却发现他们的工作太繁重了。

计件付酬 这种工资方式同完成的工作有关，并且不受时间限制。

这种方式经常应用在制造大量相同零件的车间。在那些产品能用重量、米、立方米来测定的工厂里，我们也可以发现这种付酬方式。一般来说，在可能的情况下，这一付酬方式被广泛采用。

人们批评这种方式虽然提高了产量，却降低了质量。而且当由于完善了生产流程而降低了工资单价时，劳资冲突就在所难免。

当这种方式应用于重要的系统工程时，它就成了承包作业。为了减少承包者的风险，人们有时在计件工资上再加上日工资。

通常，在某个特定时段里，计件付酬会让工资上涨，激励士气。然后，当这种制度形成后，渐渐地我们又重新回到以事先讲好的价格按每日任务付酬了。

在大公司里，我们会同时发现这三种付酬方式；有时按劳动日付酬占主要地位，有时又是其他两种中的某一个占主导。在车间里，我们看到同样一个工人，有时用计件工资，有时按劳动日取酬。

三种付酬方式各有利弊，其有效性依环境条件和领导的灵活性而定。

没有哪种方式，没有哪种工资率不是随领导者的能力和机智而变的，工人的热诚和车间的安宁和谐，也很大程度上与领导素质有关。

奖金

为使工人关心企业的健康运作，企业有时还会在日工资、任务工资或计件工资之外增加奖金，包括如下形式：全勤奖、职务奖、机器正常运转奖、生产奖、卫生奖，等等。

奖金的相对数量、性质和得到它们的条件都极其不同，有日补贴、月奖、年奖、给最有功绩的员工股票或部分股权，甚至分红，比如在某些大公司里，工人能拿到年度津贴。

几年来，某些法国煤矿企业为工人利益考虑，建立同利润和超额利润挂钩的奖金比例。工人不需要尽任何义务，但是获得此项奖金有一定的条件，例如，一年内没有罢工，缺勤不超过规定的天数，等等。

这种奖金形式把红利加入煤矿工人的报酬中，而且事先并未经过企业主和工人的讨论。企业主的赠送，几乎是免费的，对此工人们从不拒绝。这并不是一个双边合同。

所幸企业在繁荣期时，奖金制度才显著提高了工人的年薪。那如果企业陷入了困境怎么办？

要评判这一有趣的命题还为时太早，显然，它不是解决问题的普遍办法。

在煤炭工业中，有另一种依煤炭销售价格而定的奖金形式，可变的薪金是固定工资加上随地区销售价格而变的奖金。长久以来，英国威尔士地区都采用它，但是当最低工资法律生效后，这种形式就被摒弃了。今天，法国北部的加来海峡地区仍使用这种薪金方式，它也被德国鲁尔地区采用。

这种方式把煤炭事业的繁荣和煤炭工人的薪资联系起来。人们指责说，这种方法会驱使工人们为了提高销售价格而限制生产。

我们看到，关于薪资的问题，我们用了各种各样的不同方法，但是，离解决方案让所有人满意还很远，所有的解决办法都不是完美的。

分红

工人 让工人参与分红的想法太诱人了，似乎这样能实现劳资和睦，但现在仍旧没有找到实现这种和睦的可行方法。至今，让工人参与分红在大公司里也会遇到不可逾越的困难。

首先，要注意到在不以赢利为目的的非营利机构里，分红不可能存在（类似国家机关、宗教组织、慈善机构、科学研究机构等）。在亏损的经济实体中，分红更不会存在。这样，一大批企业都被排除在外了。

剩下的就是经济繁荣的企业了。没有哪个企业有比法国煤炭和冶金工业更有协调劳资利益的欲望了，然而，我还没在哪个工业企业里看到工人参与分红真正实现了的。

我们能立刻断定工人参与分红十分困难，甚至不可能。

事实上，工人分红也实在太难了。

无论一个企业是否有利润，工人都需要立刻有工资，以获得保障，完全依赖于未来实现利润的工人报酬方式是不可行的。

但是，能让薪金的一部分来源于公司的总利润吗？

我们发现，综合所有因素，对于一家大公司的最终产品来说，我们很难确定一个工人在其中所付出的积极性和才干的大小，而且这一部分的比例是微不足道的。如果工人的工资是5法郎，那么能分到他手中的红利最多只能有几个生丁[1]。相比之下，如果工人稍微多干一点工作，比如多敲一榔头，多锉一锉刀，这些可能直接增加其收入的努力也许对他更有利。所以，为了得到一点分红而要多付出劳动，而且所得比例甚微的这一收入形式，丝毫引不起工人的兴趣。

要注意的是，二十多年来，在许多大公司里，工人工资的增加总额已经超出了被分配作资本的数量。

因此，大公司里工人直接参与实际的红利分配仍然无法成为现实。

中层领导 工长、车间主任、工程师参与分红不比工人进展得快。但

---

[1] 法郎和生丁均是法国的货币单位，1法郎=100生丁。——译者注

是，这些员工对公司终极产品的影响是相当大的，如果他们对分红不感兴趣，那也许只是因为对他们的分红方式难以确定。

毫无疑问，这些领导者并不需要金钱刺激来完成任务和履行责任，但他们并非对物质满足无动于衷。应该承认，渴望多赚钱会激发工作热诚。也就是说，在可能时，应该让这些中层员工参与分红。

公司起步之时或濒临困境的关口，杰出的才能总能带来意想不到的结果，这时对中层领导进行分红是相对简单的。这种分红可以同公司的总利润相对应，或者，只是同员工所在部门的发展挂钩。

当一个企业已经成熟且管理良好时，一个中层领导的工作热情不容易在综合业绩中体现出来，因此也很难为他们制定一项有效的分红制度。

事实上，在法国的大型企业里，中层领导参与分红是不常见的。

和参与分红制度相区别，生产奖金或对车间某项成果的奖励制度更为普遍。

高层领导　应该到高级经理级别中才能找到那些人，其利益常常与法国大企业的利润息息相关。

他的知识、想法，甚至一举一动，都对企业的综合业绩有至关重要的影响，自然人们会尽力让他把心思花在提高业绩上。有时，可能会在他的个人行为和企业业绩之间建立一种紧密的关系。但是，也普遍存在一些其他影响，它完全和领导者的才能无关，但它比领导者的个人行为更能全面地影响公司的发展。如果领导者的收入只和利润有关，他有时可能会一无所有。

另外，在公司初创、清盘或危机四伏时，企业需要的领导才能不比那些繁荣企业少，这时采用以利润为基础的薪金制度是不合适的。

最后，国家重要公务人员不能用分红方式支付报酬。

总之，分红是一种报酬方法，它能带来某些好作用，但是它并不是普遍的解决方式。

因此，同工人一样，分红制度也并没有普遍地应用在高层领导者身上。我并不认为依靠分红制度就能缓和劳资矛盾，至少现在并非如此。幸运的是，到目前为止，还有其他薪资方法能保证公司相对良好地运行，这样的方式仍具有其实际效用。领导者应学习并运用它们，以便取得事业成功。

实物津贴-福利设施-荣誉满足

不管薪资只是包括货币还是有其他各种各样的补充部分，如取暖、照明、住房、生活补贴等，这都无关紧要，关键是它能让所属人员满意。

另一方面，如果员工更有活力，更有文化，更诚实，更稳定，毋庸置疑，那就更有利于公司的发展。企业主不仅应全心全意地关心企业利益，也应关心员工的健康、教育、道德观和稳定性。

这些因素不是只在车间里得到的，它也形成于车间之外，在家庭中、学校里、世俗和宗教生活中得以完善。因此企业主也要关心员工在工厂之外的生活，这里便提出了一个"度"的问题。

在这个问题上，人们莫衷一是。某些不好的经历使企业主囿于工厂大门之内，只关心员工的薪资制度。

但是，更多人认为，企业主的行为会有益地影响员工厂外的生活，但一切要出于自愿，而非强迫，同时要有审慎的态度，与员工的文化、品位相匹配，并绝对尊重员工的自由。这应该是一种友好的合作，而不是专横的控制，这是成功的必要条件。

企业主设置的福利设施可以是多种多样的。在工厂里，它有关保健和起居设备问题：如通风、照明、清洁、食堂；在工厂外，它体现在住房、食品、知识和教育上。

慈善事业也属于福利范畴。

荣誉满足只在那些非常大的公司里出现，我们几乎可以说那只是国家机关的专利。

所有能改善所属人员的价值和命运，激发各种级别员工工作热情的报酬方式，都是领导应该持续关注的问题。

集中

如同劳动分工一样，集中也是一种自然规律。它是指在每个动物机体或社会组织中，感觉集中于大脑或领导，从大脑或领导发出指令，使组织各部分行动。

集中本身并无好坏之分，它不因领导因素和环境的改变而被采纳或放弃，它总是或多或少地存在着。集中或分权问题是一个单纯的尺度问题，重要的是找到企业适合的尺度。

在小企业中，领导命令可以直接下达给下属，权力绝对集中。在大公司中，冗长的等级链将领导和下属隔开，下达命令和反馈信息被迫通过必不可少的中间人才能完成，就像印象传导过程一样。每个下属，在传输或执行命令时都要自觉不自觉地加上一点他自己的理解，由于是在传递他接受到的印象，因此这并非一个简单无意识的齿轮运动。领导者的个性、才能、下属的能力和公司的背景条件决定了中间人的能动性。集中的程度随情况而变。

集中的目的是为了尽可能充分利用个人的才能。

如果领导者的才能、威望、智慧、经验、反应能力允许他扩大领导范围，那他就可以加强权力集中，他的助手就会变成简单执行命令的下属。相反的话，如果他愿意只保留一部分管理特权，而向合作者求助经验、观点和意见，那他就可以采取广泛的分权。

领导者和下属的绝对和相对重要性不是一成不变的，因此我们知道，权力集中和分散的尺度自身也就会经常变化。选择集中还是分权,这就要置身于大环境中,以能够满足各方面利益为条件来进行选择。

不仅最高领导人要面对这个问题,各个层级的领导者亦如此。在某种程度上,它能激发或抑制下属的主观能动性。

选择集权还是分权,其尺度就是能否使总收益最大化。所有能提升下属重要性的做法就是分权,所有能降低下属重要性的做法就是集权。

等级链

等级链是指从最高权力机构到低层下属的一系列领导层级。

等级链是一条经过所有等级的路径,它能传递来自最高权力机构的信息,或向最高权力机构反映情况。同时,要想满足传达信息的需要,保证统一指挥的效果,这条路径就更加必要了。但它并不总是快速有效的,有时,在一些大公司里,尤其是在一些政府机构中,这条路径相当漫长。

然而,有许多行动计划就是因为迅速反应才得以成功,因此我们要把遵守等级制度和快速行动结合起来。

人们运用如下方法达到此目的:

假设在一个 G-A-Q 双梯等级结构的公司里,要让部门 F 和部门 P 发生联系(见图 4-1),沿等级道路,要先从 F 爬到 A,然后在由 A 下到 P,在每个阶梯都要停下来。然后再由 P 爬到 A,再由 A 下到 F,回到出发点。

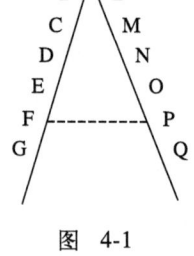

图 4-1

显然,最简单也最快速的方法是,在 F 和 P 之间建立起联系它们的天桥。这是常见的解决办法。

如果领导 E 和 O 允许他们各自的下属直接建立联系,等级原则就得到了维护。如果 F 和 P 立刻向各自的领导汇报了他们达成的协议，那整个情况就完全合乎原则。

当 F 和 P 达成协议，并且这种行为也得到了他们直接领导的许可时，直接联系就能继续生效。当协议结束或领导不同意时，直接联系应终止，我们又重新回到等级路径上来。

这是我们在大多数事务中观察到的实际情况。它允许各个层级的人保持某些主观能动性。

在小公司里，整体利益即企业自身的利益，这很容易理解。企业主务必要提醒那些忘记了这种利益的人。

在国家机关中，整体利益是如此复杂、宏大、遥远的事情，以致我们无法给它下一个明确的定义。企业主几乎对所有公务员来说都是一种幻觉。如果不是被最高当权者反复提醒，整体利益感就会变得模糊不清，越来越弱，每个部门都倾向于自始至终地为自身利益考虑，而忘记了它只是一部大机器的一部分，忘记了每个部分都应该协调行动，于是它孤立了，自我隔绝了，除了等级路径，它一无所知。

使用"天桥"是简单、快速、可靠的。它可以使 F 和 P 两位下属通过一次会面，只用几个小时就达成一致。通过等级路径，同样的问题必须要经过 20 层的传达，牵涉到很多人，引起大量的纸张浪费，要花费几个星期甚至几个月的时间才能得到解决。这同由 F 和 P 直接发生联系比较起来，显然效率低下。

这样的做法，如此荒谬、有害，它还可能被使用吗？不幸的是，毫无疑问，国家机关依旧如此运作。

如果最高领导人 A 要求他的下属 B 和 L 使用"天桥"，并让他们要求下属 C 和 M 也使用，这样不仅使沟通的路径缩短，同时也培养了承担责任的习惯和勇气。

如果不必要地脱离等级路径,则是一个错误。而当一个企业沿等级路径行事,结果引起重大损失时,那实在是个更大的错误。在某些情况下,后者的错误更加严重。当下属必须在两种方法中取其一,而又无法采纳领导的意见时,他应以整体利益为采纳的标准,他必须具备足够的勇气,并能感到自己有足够的自由来完成使命。但是为了使他能具备这样的精神素质,应该事先培养,且领导要做出典范。典范应来自上层。

秩序

我们都知道物质的秩序规则:每件东西都有一个位置,每件东西都在其位置上。社会秩序规则也一样:每个人都有一个位置,每个人都在他的位置上。

物质秩序 根据以上定义,为了建立物质秩序,应该保证每个物体都有一个位置,所有物体都在指定的位置上。

这就够了吗?就不必对每个位置精挑细选一下吗?

建立秩序应该是为了避免材料丢失和浪费时间。为了完全达到目的,不但要让物体有它的位置,还要精心安排,预先选定,使它尽可能使所有工作程序便利。如果后一种条件无法满足,秩序就只是表面的。

表面秩序能掩饰真实的混乱。我看到一个工厂的院子,它被用来作为存放钢锭的仓库。那里所有原料都被整齐、干净地排列着,看起来很赏心悦目。当我们仔细观察,会发现在同样一堆里混杂着四五种钢件,这些钢件有着不同的用处。这就是无用的秩序。浪费时间,滋生错误,每样东西并没有在它应该的位置上。

相反,有时候看似无序,而实则有序。这里有个例子,根据主人的意愿,纸张散乱地摆放着,好心却不了解问题所在的仆人把东西整理成另外的样子，看起来很整齐，主人却无法再找出这些文件了。

完美的秩序包括恰如其分地选择位置，表面秩序只是真实秩序的一件虚假外衣，或对其不完整的映像。

整洁是秩序的必然结果，在这样的环境中，肮脏找不到着陆点。

一个表示整个建筑的图表，有专人负责的区域被标识出来，这样就极大方便了秩序的建立和控制。

社会秩序 为了能建立企业的社会秩序，根据定义，应该是每个人都有一个位置，每个人都在指定的位置上。

完美的秩序要求位置应适合员工，员工也要适合其位置。英谚有云："合适的人在合适的位置上。"

这样的社会秩序以解决好两种最艰难的管理问题为前提：良好的组织和良好的人员招聘问题。保证公司正常运行的必要职位预先已经设计好，我们要招聘符合这些职位的员工，让每位员工都能从事发挥他最大效用的工作，这就是完美的社会秩序。"每个人都有一个位置，每个人都在他的位置上。"这看似简单，我们自然也有这样的期望，希望它变成现实，但是当我们听到政府官员第20次强调这一原则时，我们立刻回想起一种完美的管理理念，不禁觉得那只是海市蜃楼。

社会秩序要求对企业的社会需要和资源有确切的了解，并且能在需要和资源间建立稳定的平衡。然而，这种平衡很难被建立和保持，如果企业很大，那就更难做到。而且，平衡被打破时，个体利益会忽视和牺牲整体利益。野心、任人唯亲或幼稚无知会徒劳地增加无用的职位，或让无用的人待在必要的职位上。为了消除弊端，重新建立秩序，需要更优秀的才能、更强的毅力和恒心，这在管理层不稳定时是无法实现的。

"每个人都有一个位置，每个人都在他的位置上"这一原则，在国家管理中应用得相当广泛，它是国家对公民整体及个体的责任，是每个人可预见的命运，是团结一致，是整个社会问题。在这个伤脑筋的秩序原则的引申意义上，我不想再赘述了。

在私营公司，尤其是在业务范围较小的公司中，很容易达到让聘用人员与公司的需要相符。

同物质秩序一样，使用图表能使社会秩序的建立和控制相对容易些。它们能表示出企业所有员工、企业所有部门及其任职人员。图表问题将在后面关于组织的章节中阐述。

公平

为什么是"公平"而不是"公道"？

公道是遵守所达成的协议，但是协议不能把什么都规定到，需要经常解释和补充。

当一个人在履行职务时，为了鼓励他表现出顽强的意志和忘我的牺牲精神，我们应善意地对待他，公平就是公道与善意的结合。

公平不是没有活力，也不是不严格。为达到"公平"，需要有理智、丰富的经验和善良的心地。

在对待员工时，应该重视他们希望得到公平和平等的愿望，这些都是应该在对待员工时重视的问题。为了尽可能地满足员工的需要，不要忽略任何原则，不要丢弃整体利益，企业领导应该经常尽己所能，努力使公平感深入各级人员的心中。

人员的稳定

应允许员工花时间学习、适应，继而胜任一项新工作，掌握新工作应具备的能力。

如果当员工尚在学习和适应中,但并未完全能够胜任工作时,他就被调离,那他就没有时间把工作真正做好。

而且,如果这样的情形反复地出现,工作就永远无法被圆满完成。

如此不稳定会造成无数让人遗憾的结局,这在大公司里尤其可怕,因为通常大企业的领导要花更长的时间来学习适应新的工作。确实应该给企业领导人足够时间充分了解大企业的人和事,以便为企业行动规划制订合理方案,自信并使别人对他有信心。

我们也能发现,如果一位能力中等的领导,在自己的岗位上坚韧不拔地长期工作,跟那些能力高,但却得过且过,在位时间不长的领导比起来,他更能受到赞赏。

一般来说,繁荣的企业,其管理层是稳定的,不景气的企业其管理层亦不稳定。同时,不稳定也是公司不良运作的因和果。通常,培养一个大企业的领导的代价是昂贵的。

然而,人的因素是多变的,年龄、疾病、离职、死亡,都会扰乱组织结构的稳定。当某些人无法再胜任他的岗位时,另一些人变得能够承担更大的责任。

像其他所有原则一样,稳定原则也有个尺度问题。

创新精神

构思计划并保证其成功能给聪明人以极大的满足感,这也是人类活动中最让人兴奋的行为之一。

这种构思和执行的可能性就叫创新精神,建议和执行的自主性也属于创新精神。

在社会每个阶层中,创新精神都能激发人们的工作热诚,并增强他们的行动力。

除了领导应具备创新精神外，全体员工的创新精神也是必要的，且在需要时能够补充前者。这是使公司强大的力量，特别是在艰难时刻更是如此。

应该尽可能鼓励和发展这种能力。

我们必须服从命令和遵守纪律，这就让我们的行动受到一定的限制，在这种情况下，要想激发和支持创新精神，就需要具备机敏和高尚的情操，领导者需要学会牺牲自己的虚荣心去满足下属的虚荣心。

假若其他能力都一样，如果哪一位领导能够做到激发下属的创新精神，那他就比其他不知道这么做的领导更高明。

团结精神

团结就是力量。

企业领导应凝神静气地好好思考这句话。

一个公司的成员和谐而又团结是它的巨大力量，所以应该努力做到团结。

在所有可加强团结的方法中，我要特别指出一个要遵守的原则和两个要规避的风险。要遵守的原则就是"统一指挥"。要规避的风险是：①对成语"分而治之"的错误理解。②滥用书面交流。

不要使下属人员分裂　为了削弱敌人的力量而进行分裂活动是巧妙的，但是分裂自己的团队对公司来说就是个重大错误。

这个错误也许是因为行政管理效率低下、对事物理解不全面、利己主义、为个人利益牺牲整体利益而产生的，无论如何，它总应该受到谴责，因为它对公司的发展非常有害。

在下属中挑拨离间，丝毫不值得炫耀，任何人都能做到这一点。相反，要真才实干才能协调力量，激发热诚，发挥所有人的能力，奖励每个人的长处而不引起相互嫉妒，导致破坏和谐关系。

不要滥用书面沟通 通常，为了处理一项业务，或为了发布一个需要解释的命令，口头通知比书面传达更加简单有效。

另外，我们知道，某些冲突或误会能在交谈中得以解决，也会在通信中更加恶化。

由此得出，如有可能时，应尽量口头联系。这样就能更加快速、清晰与和谐。

然而，在某些公司里，一些相邻部门的员工，他们有许多联系，或同一部门的员工，他们彼此经常见面，但他们却只通过书面沟通。这样就会增加工作量，使事情变得复杂、缓慢，危害企业运作。同时，我们会在不同部门间或同一部门的员工间发现某些敌意的存在。这种书面沟通通常会导致这样的结果。

给书面沟通方式设立一个条件，就可以解决这个问题。这就是如果口头交流能更简单有效地解决问题，就禁止使用书面交流。

此时，我们又遇到了尺度问题。

团结的力量不仅仅体现在同一企业员工间的愉快关系上，商业协议、工会，所有类型的联合会也是团结的结果，它们都在企业管理中扮演着重要角色。

半个世纪以来，团队的作用越来越发展壮大，我看到，在1860年，大工业企业的工人既不团结，也不联合，总是自扫门前雪。结果是工会使他们和企业主有了同等的地位。同一时期，曾经激烈竞争的公司开始一点一滴地彼此互助，在共同协议下，解决涉及彼此利益的大部分问题。这是一个新时代的开端，习惯与观念都已经发生了深刻改变。企业领导务必要重视这种变革。

对于原则的评论，我就说到这儿了。不是因为原则清单已被说尽，这个清单不可能被明确限制，而是因为我现在觉得，提出这 14 条原则对建立管理学说十分有益，因此应该对这些原则进行全面讨论。

上述原则都是我经常使用的，我已经将它们一一简要解释过。这些原则是否能在要制定的"管理法典"中占有一席之地，那就是公众要讨论的问题了。

这部法典是必不可少的。无论商业、工业、政治、宗教、战争或慈善事业，管理无处不在。要想执行好管理职能，我们就要依赖这些原则。即依托这些已被论证的、深思熟虑的和已被接受的道理。法典代表了某个时刻的这些道理的总和。

一开始，人们也许要惊讶，永远的道德原则，十诫法还有那些教会戒律……难道这一切对管理者来说还不够成为指南，他还需要一个特别法典吗？对此，我做如下解释：道德或宗教的高级原则通常只涉及个人或那些来自非现实世界的利益。然而，管理原则追求团队的成功，满足各方的经济利益。目的不同自然方法也不同，也就没什么好奇怪的了。既然没有同一性，那就不存在矛盾了。

没有原则，我们就要陷入黑暗和混沌；没有经验和尺度，即便有最好的原则，我们也会举步维艰。原则是为我们指明道路的灯塔：它只为知道大门开在哪里的人们服务。

Administration Industrielle Et Générale

第5章

管理的要素

计划

格言"管理即预见"让我们认识了工商企业中计划的重要性。诚然,即便计划不是管理的全部,那它至少也是一个重要部分。预见,这里同时表示预估未来和为未来准备,预见本身已经是在行动中了。

计划有多种表现方式和不同的表现场合。它的主要表现形式、明显特征及最有效工具,就是行动计划。

行动计划指出要达到的结果,同时给出了要遵循的行动路线、要跨越的阶段及要使用的方法。这是一种未来的图景,在那里,未来的事情在人们原有概念的基础上以某种清晰度展现出来,但未来的事情越遥远越含糊不清。它是为预测公司某段时间的运行而做的准备。

行动计划依据:(1)公司资源(不动产、设备、原材料、资本、人员、生产率、销售市场和社会关系等);(2)正在进行的业务的性质和重要性;(3)未来可能的发展趋势,它一部分可能取决于技术、商业、金融或其他条件,但它们都会变化,我们事先既无法确定这些变化的重要性,也无法知道它们发生的时间。

制订行动计划对所有公司来说都是最重要的,也是最困难的。它与每个部门和各项职能息息相关,其中管理职能至关重要。

事实上,正因为领导者要履行管理职能,因此他主动采取行动、制订计划、指出计划的目的和规模,让各部门在计划任务中各就其位。他调整计划的各个部分,使整体计划协调一致。最后,他决定应遵循的路线。在这个指导路线中,不仅任何事情都不能抵触有效的管理原则和规则,同时所有的安排必须有利于有效运用这些原则和规则。

在企业领导人和他的合伙人制订行动计划的过程中,不仅需要具备技术的、商业的、财务的或其他方面的能力,还必须具备一定的管理能力。

一个好的行动计划的一般特征

人们对行动计划的作用毫不怀疑。我们必须要在行动前知道我们到底能做什么，要做什么。我们知道，缺乏计划会引起犹豫不决、错误作业、不适时地改变目标方向，这些都是企业衰败，甚至导致破产的原因。因此没人会质疑行动计划的必要性，我相信，一般人都认为行动计划是必要的。

但是，计划千差万别：简单的或复杂的，简明扼要的或详尽的，耗时长的或耗时短的，草率决定的或经过仔细研究制订的，计划也有好的、平庸的或错误的之别。

如何把好计划和其他计划区别开来呢？

计划的真实价值，即它能给公司带来的效用，只有实践才是检验它的最高标准。但是也应该重视使用的方法，美妙的乐曲要有好的演奏家加上好的乐器才能完美。

但是，无须实践证明，我们就能预先认识一些好的行动计划的一般特征。

例如，计划的统一性。一次只能执行一个计划：两个不同的计划可能导致双重领导，造成困惑，引起混乱。

但是一个计划可以分成几个部分。我们发现在一个大企业中有整体计划、技术计划、商业计划、财务计划等。或者，除了整体计划之外，各部门还有自己的专门计划。但是，所有计划都彼此联系配合，一环扣一环，任何一环的改动都会在整体计划中反映出来。

计划的指导作用应该是"持续的"。然而，人的洞察力有限，这必然限制计划的持久性。为了计划的指导作用不中断，应该有第二个计划无间隔地接替第一个计划，第三个接替第二个，依此类推。

在大企业里，年度计划几乎被当成整体计划来使用。其他计划，不论长短，总是严格地同年度计划协调一致，和它同时发生作用。

计划应该是"相当灵活的"，以便视正确需要而调整。这种调整或者是因为环境压力，或者是因为其他什么原因。无论是改变前还是改变后，它总是我们要服从的法规。

计划的另一个特征，是在那些影响企业命运的未知因素所能允许的范围内，明确一切可能明确的细节。最近的发展计划可能会很精确地规划和确定，遥远的未来就只适合简单地泛泛"指导"。因为只有在即将执行之前，我们才能对事态有更明晰的认识，这样我们才能精确地决定管理路线。当未知事物相对太多时，计划就不能有任何精确性，企业也要走上冒险之旅。

统一、持续、灵活和精确性，这些是一个好的行动计划的一般特征。

至于其他应具备的特征，这取决于制订计划的企业的性质、规模和条件，有一些好计划已经被同类企业所认知，我们只能通过与之所做的比较来确定这些特征。因此，如同建筑师要设计完成建筑物一样，我们应该针对每种情况，在企业实践中寻求可比较的因素和模式。比管理者幸运之处在于，建筑师能求助于图纸和建筑学课程，而行动计划无图纸可依，无课本可循，因此应该建立管理学说。

好的行动计划并不缺乏，但人们只能通过事物的发展进程去猜测计划的作用，却无法为了更好地认识和评判它而在足够近的距离内观察它。然而，对每个想成为管理者的人来说，了解那些经验丰富的领导者如何制订计划也是很有用的。有一些经过精挑细选的例子就足够了。

作为参考或样本，我将要介绍一个方法，多年来它一直被一家我十分熟悉的大型煤矿冶金企业所采用。

一家大型煤矿冶金企业的行动计划的确立方式

这家企业包括几个不同的机构，有近一万名员工。

整体计划包括一系列不同的计划，我们称之为"预测"。

有年度预测、十年预测、月预测、周预测、日预测、长期预测、专项预测……所有这些预测组成一个指导企业运行的整体计划。

年度预测 每年，财政年度结束后的两个月，根据这一年度的收益和经营活动来做出总报告。报告特别阐述了生产、销售、技术、商业、财务、员工和经济收益等情况。

这个报告随附一份阐述同样内容的"预测"。预测，是对在新的财务年度里可能的经营活动和结果而事先做的报告。

在新的财务年度开始的前两个月并非没有计划，因为在上个财务年度结束前15天已经制订了临时计划。

在大型煤矿冶金企业中，只有很少的业务活动能在一年内就全部完成。为企业运行所进行的技术、商业和财务活动，则需要更长时间准备才能实现。

另一方面，应该重视近期业务活动对以后活动的影响。有时，必须提前很长时间为希望到达的状态做准备。

最后，应该考虑到一些经常性的变化，这些变化在工业领域中，特别是企业中技术、商业、财务和社会关系等方面经常会发生，不要听任突发事件摆布而变得无所适从。

这些考虑已超出年度计划范围，它们属于长期预测。

十年预测 十年预测的内容和年度预测一样。

首先，两种预测是一致的，年度预测可以同十年预测中第一年的计划混同起来，但是明显的不一致出现在第二年。

为了保持计划统一，每年都应该让十年预测与年度预测和谐统一。因此，通常几年以后，十年计划就要做一次修改和完善，它也由此变得不再清晰，需要我们重新修订。事实上，所有十年计划都在五年后重新修订过。

规则是：十年预测是为十年所制订的，但每五年就要重新修订一次。这样，人们总有一个事先规划好的至少涵盖五年的行动路线。

特别预测 有的经营活动可能贯穿一个或几个十年，有的却突然出现，这显然必将改变企业状况。这两种情况都属于特别预测的范畴，它们的结论也应该分别填写在一年和十年计划中。我们永远要记住只有一个计划这一观点。

这三种预测——年度预测、十年预测、特别预测——彼此融合，协调一致，构成了公司的整体计划。

借助部门领导的合作，各个地区领导详细认真地准备这些预测计划。这些计划被总管理处审查、修改完成，再提交董事会审查通过。当这些计划未被其他计划所代替之前，它们就是所有人员的行为指南、指导路线和遵守的法规。

以下是年度和十年预测的内容（见表5-1），它也是完成和概括这些计划的表格框架。

表 5-1 年度和十年预测的内容

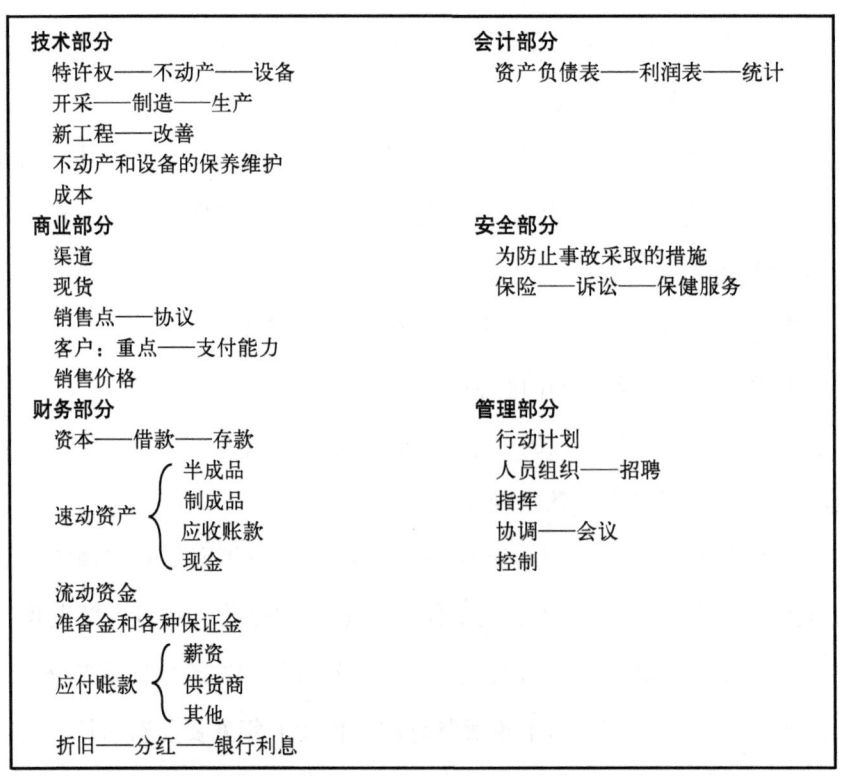

我使用这套预测系统已经 50 年了。那时候,我在一家煤矿企业当领导。它对我的工作起了很大作用,后来我毫不犹豫地将它应用到由我担任领导的各种工业企业中去。

我把它当作领导的宝贵工具,我毫不迟疑地将它推荐给那些还没有更好方法的人。

十年预测模板　见表 5-2~表 5-7。

表 5-2　生产

年度	煤矿			铁矿	工厂				
	A	B	共计	C	D	E	F	共计

表 5-3　利润和亏损

年度	煤矿			铁矿	工厂					子公司			中央部门	总计
	A	B	总计		C	D	E	F	共计	矿	厂	共计		

表 5-4　新工程开支

年度	设施						共计
	A	B	C	D	E	F	

表 5-5　利润的使用

年度	利润	红利股东	分配		共计	剩余

表 5-6　流动资金（一）

年度	年初可用资金M	利润	减少			增加				变卖不动产	共计N	总计M+N
			库存	债务	保证金	存款	债权	准备金	意外准备金			

表 5-7　流动资金（二）

年度	M+N的结转金额	已分利润	新工程与所购财产	扣除							对于子公司的拨款		各种预付款	共计O	M+N−O 年末的流动资金
				增加			减少								
				库存	债务	保证金	存款	债权	准备金	意外准备金	矿	厂			

这个预测系统不是没有缺陷的，但是其缺陷与其体现的优势比起来则是次要的。

那我们就看看它的利与弊吧。

预测的利与弊

（1）对于资源、未来的可能性和为实现目标而使用的方法的研究，要求各部门领导在各自的职权范围内发挥作用。每个人都借助自身的经验进行研究和确定计划，同时需要对由他负责的计划怀有强烈的责任感。

这些对于为了不忽视任何资源，大胆且谨慎地估计未来可能性以及为达到目标制订最适宜方法来说，都是很重要的。

知道了能做什么和要做什么之后，企业就可以步履稳健、准确地处理日常事务。它集中所有力量来对抗可能出现的各种性质的突袭和事故。

（2）年度计划的制订总是很棘手，较难处理。尤其是第一次去做时，耗时更长，需要付出的更多。但是每次重做都能使它简化，当制订计划变成一种习惯，忧虑和困难则会大大减少。

此外，它有趣的一面也越来越多：实现计划要求的专心细致，对预测和实际情况进行的比较，对所犯错误和取得成绩的分析，探索取得成功的方法，摈弃导致错误的行为，为新计划所做的这一切使计划工作变得越来越有趣和实用。

工作人员一年又一年地做着计划工作，工作能力不断提高，一段时间后，他会发现他比开始的时候更加得心应手。

事实上，这一效果并不仅仅来源于做计划工作，它也与其他因素有关，没有组织、指导、协调和控制的正确实践，就无法正常运行一个经过正确研究的计划。管理要素影响一切其他因素。

（3）计划无连贯性，指导方针总是无来由地改变，这是缺乏计划性的企业经常受到的威胁，这对企业来说十分危险。最微小的逆风都能使没有抵御准备的轮船偏离航向。当突然遇到重大事件，在来势迅猛，但并不久长的动荡中，企业不得不遗憾地转变指导方向。只有凝神静气地花费时间缜密思考企业发展的行动计划，才能对企业未来发展保持清晰的视点，并尽可能集中所有智慧、才能和物质力量解决可能遇到的问题。

尤其在艰难时刻，计划十分必要。好的计划虽然不能事先预测所有突发事件，但能意识到这些事件的可能性，为意外之事的发生准备必要的武器。

计划保护了企业，它不仅可防止企业在遇到严重事件时错误地转变目标，也可防止有时仅仅是由于高层领导的转变而改变一切的可能，它也可帮助企业抵御那些开始不易察觉，但却可能因此改变目标的那些偏差。

制订一个好的行动计划所需的才能和条件

简而言之，行动计划能使企业更好地利用资源并为达到目标选用最好的方法。它消除或减少了犹豫不决和错误作业，防止企业无根据地转变目标，并有利于提高人员素质。

它是一种宝贵的管理工具。

人们也许要问，为什么这个方法没有被广泛应用，应用之处也没能尽善尽美？可能是因为完成它需要管理者具有一定的素质和条件，而具备这些素质和条件也并非易事。

制订一个好的行动计划，要求管理者具有如下素质：

（1）管理人的艺术。

（2）积极性。

（3）精神上的勇气。

（4）领导人员的稳定。

（5）具有公司所从事领域内的专业能力。

（6）处理一般事务的经验。

管理人的艺术　在大企业中，大部分部门领导都参与制订行动计划。这项工作在日常工作之外，是日常工作的补充。它需要参与者担负一定的责任，通常他们不会因此而多得报酬。

在这种情况下，为了让各部门领导忠实认真且积极地合作，应该有一位具有领袖风范的人，他不怕艰难险阻，不怕承担责任，能够在下属的工作热情和上级对他的信任中得到自我肯定。

积极性　年度预测、十年预测和特别预测要求领导人员持续不断地关注。

精神上的勇气　我们知道，研究得再完美的计划也不可能毫无偏差地实现。预测不是预言，它只是以减少意外事故发生为目的。

然而公众，甚至那些最清楚公司业务的相关人员，都不会喜欢一个制造或任由制造不可实现的愿望的领导。因此谨慎是必需的，而且应该将它同那些为寻求最好结果所做的一切必要准备结合起来。

胆小怕事的人试图取消计划或使其变得无关紧要以避免自己遭受批评。这种企图相当不可取，即便站在他的利益角度，也十分不妥。缺少计划性会危害企业的运行，这比领导只是没有圆满实现计划后果更为严重。

领导人员的稳定　一位新的领导人需要相当长的时间来充分认识正进行的经营活动、下属能力、公司资源、组织整体以及未来发展的可能性，然后他才能正确地制订行动计划。如果这时，他觉得没有足够的时间完成这项工作，或时间仅够他开始执行；又或者，如果他觉得这项工作毫无价值，只能让他蒙受骂名，那他还会充满热情地完成它吗？或者说，如果不是被迫的，他还会做吗？我们还是应该考虑到人类的本性。

没有领导人员的稳定，就不可能有行动计划的良好运行。

上述第（5）**具有公司所从事领域内的专业能力**和第（6）**处理一般事务的经验**也是制订和完成行动计划的必要能力。

以上就是制订一个好的行动计划的必要条件。它要求智慧且有经验的领导来完成。

缺乏计划或计划不周是领导者无能的表现。

为了确保企业良好运行，杜绝这种情况的发生，我们应该：

（1）规定计划的强制性。

（2）使好的计划成为典范，并为公众所知（我们可以要求那些优秀企业提供这些典范，丰富的经验和公众讨论可以使我们从中选出最好的典范）。

（3）把计划培训课程列入教学中。

这样，公众意见能使事情变得更清楚明白，并起到影响领导的作用，从而不必担心领导的能力不足，也不会降低有能力的领导的相对重要性。

我就不一一阐述企业中使用的月预测、周预测和日预测的具体细节了，它们实际上跟长期预测一样，都要事先规划，为成功达到目标确立最适宜的管理路线。

所有预测都应尽早提出，以便人们有足够的时间去准备实现它。

国家预测

法兰西民族向来深谋远虑，但他们的政府却并非如此。

首先，我们列举事实，继而寻求补救错误的良方。

传说中"羊毛长袜"（藏积蓄的地方）的故事让人毫不怀疑不太富裕的那部分法国人的预测能力。他们精打细算，以便改善他们的处境，并为可能遇到的艰难时日做准备。人们对此津津乐道，说明这并非一种普遍习惯。这一先见之明表现了为达到目的而厉行节俭的有效性，这用不着什么大智慧。

能干的工人和工长的家庭生活，通常是预见和合理安排的典型例证。它由其家庭主妇一手缔造，以提高社会地位为生活信念，或者说至少是为了她的孩子生活得更好。制订家庭生活计划要求精打细算，但这早就在一家之主的算计之内了。

在小型工业或商业企业中，企业运行比较复杂，因而要求更高的预测能力。假若没有这种能力则要付出昂贵的代价。通常，我们的中产阶层因具备这些才能而被尊重。

我们都清楚，预测在一家大企业里的重要性，它要求管理者具备多种素质：专业能力、经验、管理能力、积极性以及道德勇气等。这些素质在大部分法国企业的领导中都能发现。

但是，当让我们阅读议会的辩论纪要并做出评判时，我们就无法对法兰西政府得出同样的结论。

年度预测（预算）极少能被及时制订。

长远预测极其罕见。

在这个需要长远规划的超大型"公司"里，人们得过且过。

——为什么？

直接的原因就是政局不稳定。

不断改朝换代的部长没有足够的时间来获得专业能力、处事的经验和管理能力，而这些对制订行动计划来说都是必不可少的。讲坛上的雄辩对一位政府部长来说的确是头等重要的，但这并不表示他们就不需要具备那些必须经过一段时间，在实际工作和执行权力的实践中才能获得的知识。某种稳定性是必需的。

政局不稳定是国家的灾难。当有一天，公众舆论对此深信不疑时，所有政党就会意识到这一游戏正变得越来越危险，他们也就不会再像今天这样轻率地沉湎于这样的自我放逐。

国家缺乏计划的另一个原因是领导缺乏责任心。比如财政责任，它能刺激私有企业领导者，但在国家事务中，它聊胜于无。救世良方仍旧是政局稳定，这能让部长们专心工作，让他们深具道德感，这是在超大型公司中唯一的有效管理保证。

因此，单从预测的观点出发，应该尽最大的努力达到政局稳定。

组织

组织一个企业，就是要为它的运行配备一切所需，包括原料、设备、资本和人员。

大体上说，我们可以把它分为两大类：物质组织和社会组织。

这里只谈社会组织。

在配备了必要的物质资源后，人员或社会组织应该能够完成其6项基本职能，也就是说，进行企业所有的经营活动。

社会组织的管理任务

在个体企业的组织中，一个人就可以单独完成所有职能活动，国有企业组织则要聘用几百万人，这两种组织之间存在所有可能的中间形式。

无论哪种情况，社会组织都要完成以下管理任务：

（1）监督行动计划是否经过认真地准备并坚决贯彻执行。

（2）监督社会组织和物质组织是否与企业的目标、资源及需要相符。

（3）建立高效、有力的统一领导。

（4）协调各方力量，行动一致。

（5）做出清楚、明确、正确的决策。

（6）做好招聘和岗位安置工作，使每个部门都由能力强并有积极性的领导统帅，并让每个员工都在能发挥其最大能力的岗位上工作。

（7）职责明确。

（8）激发创新精神，鼓励承担责任。

（9）对所做的工作给予公平合适的报酬。

（10）对错误和过失给予必要的惩罚。

（11）严明纪律。

（12）强调"个人利益服从企业利益"原则。

（13）强调"统一指挥"原则。

（14）遵从物质秩序和社会秩序。

（15）实行全面控制。

（16）与任何形式的规章条款泛滥、形式主义、官僚主义、文牍主义作斗争。

所有这些管理任务都是管理者应该完成的，在个体企业里它很简单，随着企业变得越来越庞大，人员越来越多，它也就变得越来越复杂。

首先，我们发现，尽管有无数的企业类型，每个同样规模的社会组织都有相似的外表，但是区别在于，它们各个组成部分的性质和价值各不相同。

接着，我们研究社会组织和构成这一组织的个体，探求什么样的机构和个体能使社会组织更好地运行。

最后，我们研究一下人员招聘和公司员工培训。

社会组织的构成

不同发展程度的社会组织构成

社会组织的一般形式几乎只取决于企业员工的数量。

首先，我们研究一下不同发展程度的工业企业，如图5-1所示。

图5-1中，（a）是个体企业的唯一手工劳动者；（b）是只有几个人的小企业，员工直接且只从企业主那里得到指令；企业工人人数增加到10，20，30，根据情况，在领导与工人或工人们之间协调的中间人叫"工长"，社会组织采用形式（c）；从（d）到（g），每10、20、30个工人中就出现一个

工长，如果有2个，3个，4个或5个工长就要任命车间主任；如有2个，3个，4个或5个车间主任就又产生了部门经理……这样等级数量一直累计到最高领导，每个新领导一般只有四五个直接下属。

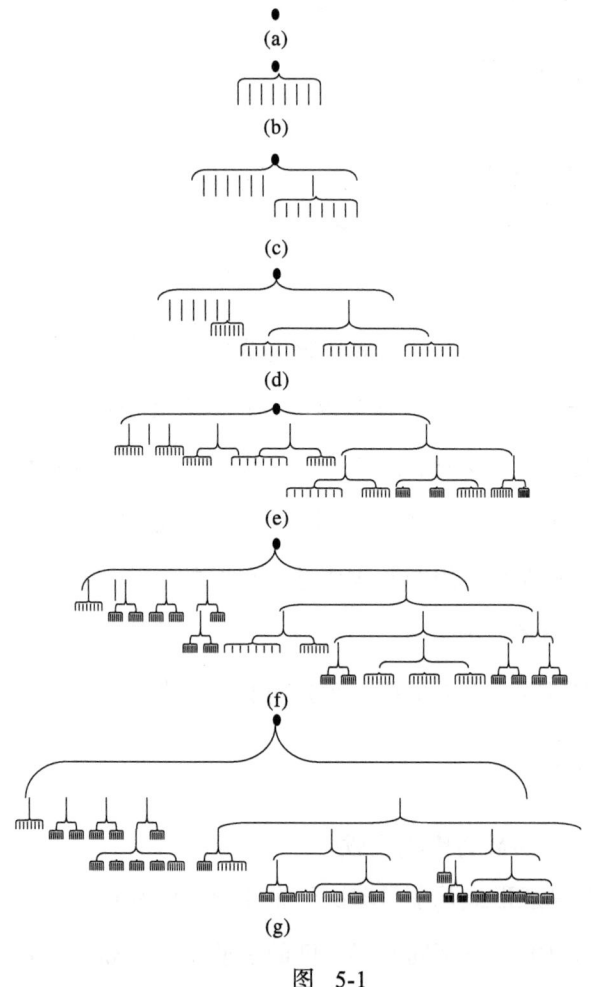

图 5-1

如15个工人有一个工长，每四个同一等级的领导 C^N 就有一个高一级别的领导 C^{N+1}，一个企业的工人数目是：

从领班开始，C ………………………………… 15

C^1 ………………………………… 60

C^2 ·················· 240

C^3 ·················· 960

C^4 ·················· 3 840

C^5 ·················· 15 360

C^6 ·················· 61 640

C^7 ·················· 245 760

C^8 ·················· 983 040

C^9 ·················· 3 932 160

C^{10} ·················· 15 728 640

C^{11} ·················· 62 914 560

C^{12} ·················· 251 658 240

我列举的这些数字都是简单的几何级数，第一项是 15，比率是 4——是为了指出社会组织的一般发展形式能适合任何一种数量的人员组合，大企业中的等级数目也相当受限制。如果我们用饰带标示每一等级，工厂中的最高领导饰带也不会超过 8~9 个。最高的政治或宗教领袖，最多也就 10~12 个。

所有类型的企业的社会组织都跟工业企业一样，依据相同的方式建立，所以同样发展程度的企业，社会组织也很相似。这种相似性表现在同样领域的公司职能完全相似，不同领域的公司职能部分相似，但是这种相似很明显。

图 5-2 和图 5-3 就是例证，表示了两个不同类型的工业企业——煤矿和冶金工厂——各有一两千名工人的管理人员的情况。

通过比较图 5-2 和图 5-3 发现，这两类企业的总体形式相同，主要部门也是一样的，除了技术部门一个叫制造一个叫开采以外，其余都有同样的名称。

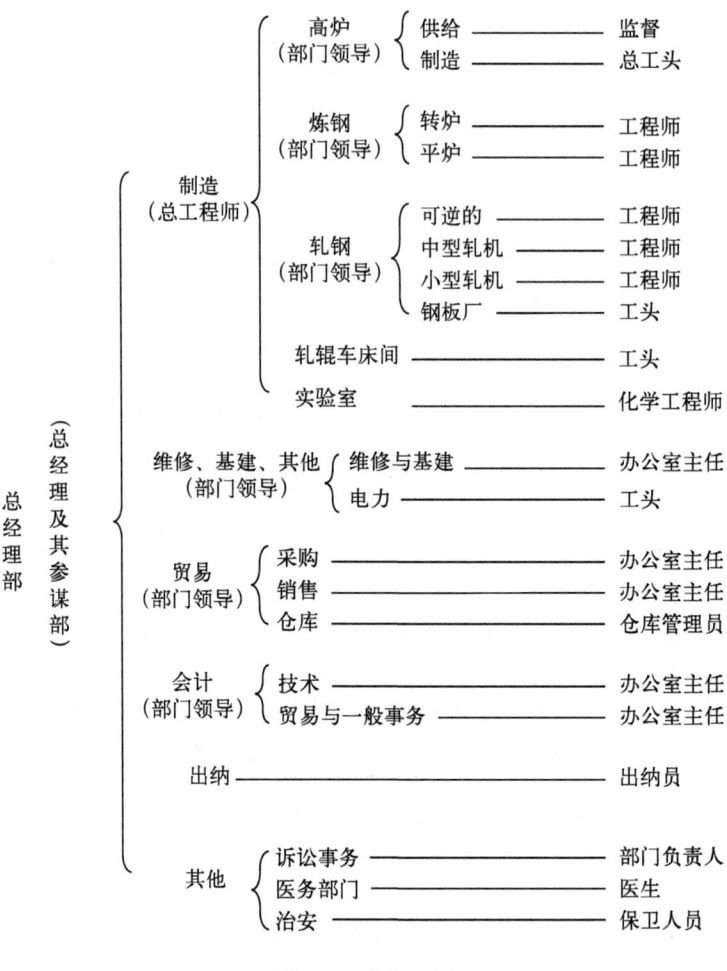

图 5-2 冶金工厂

同样的结构适合拥有同样工人数量的所有工业企业,无论其性质如何。

在工业企业中,技术部门起着决定性的作用;在商业企业中,则是商业部门最重要;在军队中是军事部门,在学校中是教学部门,在教会中就是宗教部门了……企业中最大力发展的机构具有企业的专业特征。但是,总的来说,社会组织的形式总是同其发展程度大致相同。

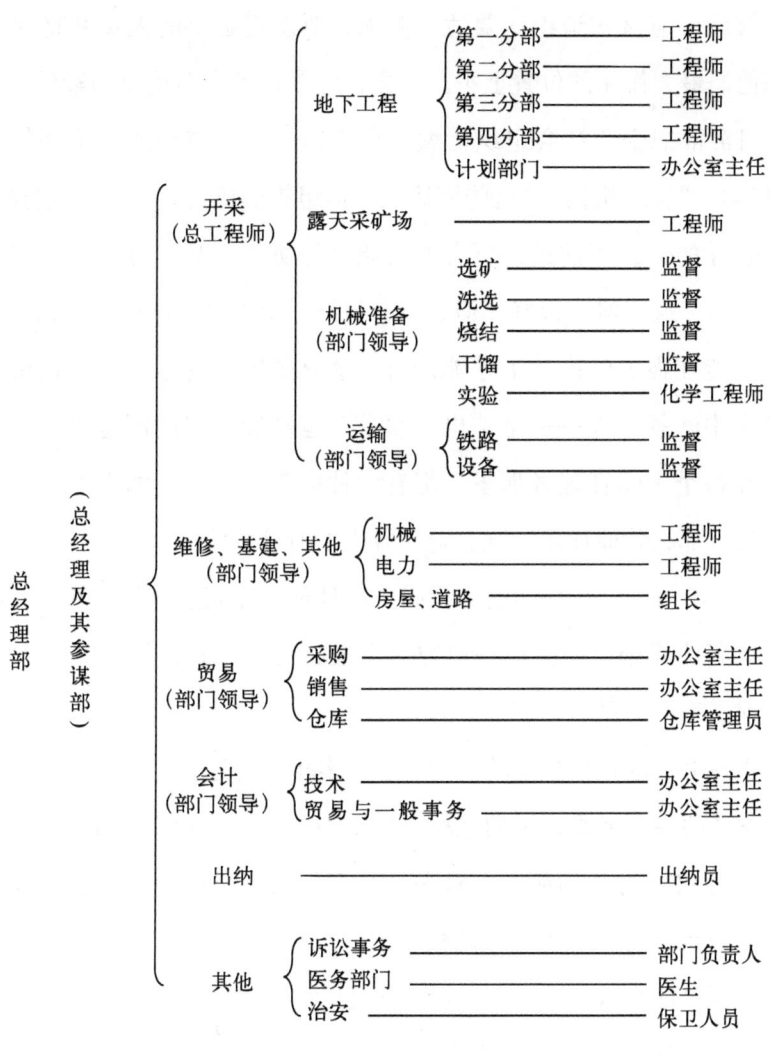

图 5-3 煤矿

组织形式大致相同并不代表内部结构一致，也不代表组织价值相同。两个形式相同的社会组织，一个也许是优秀的，另一个则可能是差劲的，这与组织中个人的才能有关。

如果我们抛开个人因素，建立一个社会组织就相当容易了。只要有几个时髦的概念，有一笔必要的资金，那任何一位新手都能建立社会组织。但是，要创立一个有效的社会组织，仅仅靠组织几个人，给他们分配一些职能是不够的。应该知道组织要适应需求，要发现必要的人员并将他们放在能发挥他们最大作用的位置上去。总之，应该具备许多重要的素质。

人们常常把企业社会组织比做一台机器、一株植物或一个动物。诸如"管理机器""管理机构"，这些词让人觉得组织的概念是这样：它要服从领导，在领导的带领下前进，所有部门能良好协作，共同行动，为相同的目标努力工作。这当然非常好，但它也有另外一层含义：像机械机构一样，管理机构只能在强力的推动下才能运行。这是个错误的概念，管理机构——包括每个中间领导人——是（也必须是）运动和思想的制造者。在每个机构中，在每个中间管理者那里，都有一种创新的力量，如果能善于集合他们的力量，那么就能显著增强企业领导人的行动能力。

因此，不该仅仅在最初的力量因历经种种传递而造成的损耗中，探求管理组织的行为界限，而更应该研究一下最高管理者能力的缺陷：当中心力量渐弱时，离心力就自然起主要作用了。

植物的生命也和社会生活一样有着许多相似之处。

从发展的观点来看，树的嫩枝上长出一些新叉，然后再分叉，最后树叶满枝。树液将活力带到所有的枝条，甚至到最细小的分叉上去。就如同上层命令把行动力带到社会组织的最底层，最遥远的末端。

树"不可能高入云霄"，社会组织也有它的限度。前者因为树液无法输送那么远，后者不就是因为管理能力不够吗？

但是，对树木而言，那些不能通过自身成长而获得的能量，可以在森林中通过树木的聚集排列得到。对企业来说，就是通过协定、同业联盟、托拉斯和各种联合会所获得的力量。在保留自己足够的自治权的基础上，每个单位个体，为集体做出贡献，同时也在集体中获得帮助。

当规模达到难以超越的程度后，合并是建立强大联盟的方法，也是凭借弱小的管理能力使个人和集体发展壮大的手段。

社会机体经常被比喻成动物。人在社会组织中扮演着同动物细胞相似的角色：他在个体企业中是单一细胞，在大型企业中是社会组织的千分之一或百万分之一。

有机体的成长通过基本单位（人员或细胞）的聚集来实现，随着聚集的数量不断增加，器官出现了，然后异化并自我完善。

社会机体同动物一样，少量的基本职能就可以支持各种变化多样的活动，我们可以对比一下二者的职能。

值得注意的是，神经系统同管理部门极其相似，它存在并活跃于所有器官中，通常它没有特殊的组成部分，肉眼也很难看得见。它汇集所有细微的感觉，首先传导到低级中枢——即反应中枢，然后，如有必要，再传给大脑——即领导那里。然后，从这些中枢或大脑通过相反的路线传达命令，最后这些命令到达要执行活动的器官或部门那里。社会有机体，如同动物一样，具有反射行为或神经活动，无需高级权力机构的直接干预就可自发运行。如果没有神经或管理行为，组织就会缺乏活力，迅速衰败。

社会组织的机构与成员

组织就是具备6种基本职能的机构。

在个体企业中，它们可能由单个人代表，在国家企业中，这6种基本职能机构相当复杂，占有大量人员，导致众多大大小小的部门出现。

为了研究社会组织机构，我首先以一家大型矿业冶金股份有限公司为例证，它拥有大约一万名员工。

图5-4介绍了这个公司的管理者情况。

从左到右我们看到的是股东大会，然后是董事会，在然后是总经理部门。到这一级，权力趋向于越来越集中。从这一级开始，权力分散，经过各地区领导和部门领导，一直蔓延到企业最底层。

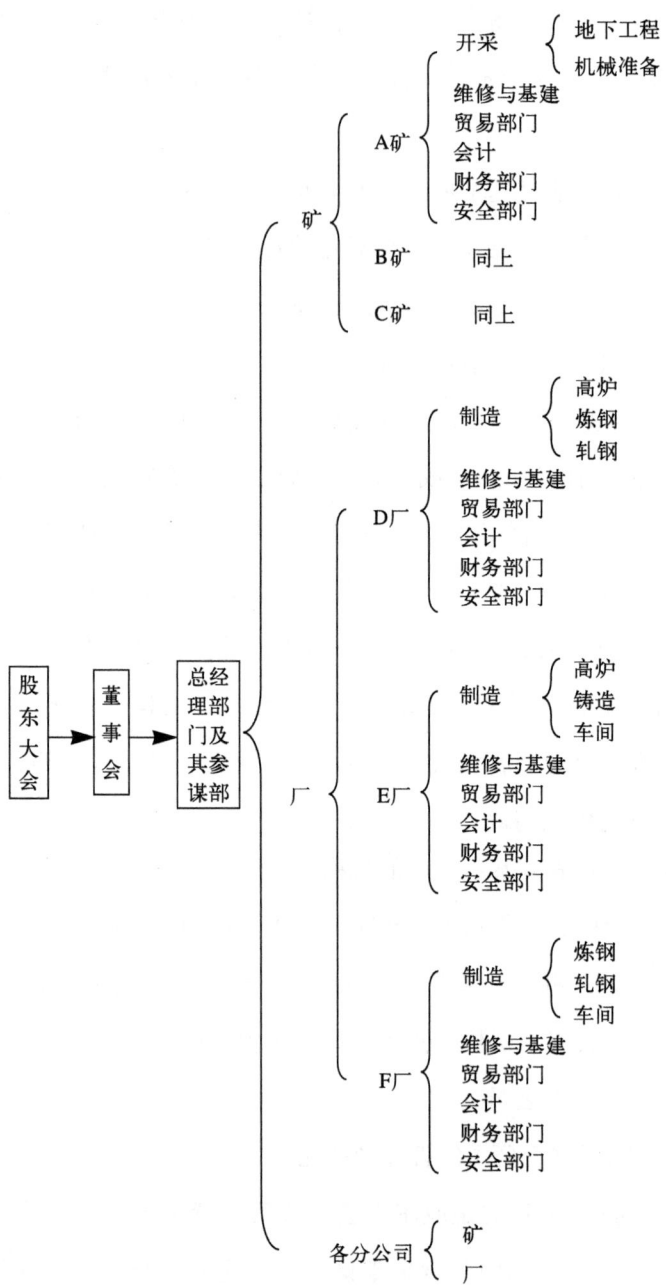

图 5-4 大型矿业冶金公司

在股份有限公司里，有如下主要机构：①股东大会；②董事会；③总经理部门及其参谋部；④区域和地方领导；⑤总工程师；⑥部门领导；⑦车间主任；⑧工长；⑨工人。

股东大会

他们的作用具有一定局限性，主要作用包括：①任命董事会成员和监事；②审议董事会建议。

每年他们至少召集一次会议。

最重要和最困难的股东任务是任命董事会成员。

董事会

董事会拥有广泛的法定权力。这些权力属于集体权力。

通常，它把大部分权力委托给由它任命的总经理部门。

它要审议总经理部门提出的建议，并负有全面监督责任。图5-4指出了董事会需要具备的必要能力。

总经理部门及其参谋部

总经理部门负责掌握并充分利用它可能拥有的最好资源，带领公司达到目标。它是权力执行机构。

它制订行动计划，招聘人员，下达行动命令，保证并控制各项工作的执行。

总经理部门有时只有一个总经理，有时则有几个总经理。

总经理部门只有一个总经理时，他可以直接同区域经理，或同中间领导（各厂矿集团领导或一般行政部门、技术部门、商业部门等的领导）建立联系。

当总经理部门有几个总经理时，可以用几种方式分管总经理部门的职权。

一人领导和多人领导比较起来，其优势在于有利于统一思想，统一行动，统一指挥。一人领导形式现在越来越占优势，但在这种方式下，个人能力极其重要，它左右了整个管理系统。

不管什么情况，总经理部门都要依靠其参谋部。

参谋部由一群有实力、有能力和有时间的人组成。他们具备的条件也许正是总经理所缺乏的。这是一种协助和支持，是一种领导能力的扩展。它没有等级之分，只接受总经理的命令。这个团体在军队里被叫做参谋部，因为没想出其他更合适的名称，所以我保留了这个名字。

这个部门是用于协助总经理完成他的个人任务的。如果总经理认为他自己能独自完成他应负责的所有事务，他就不需要参谋部。但是，如果他的能力或知识不足，或者时间不够用时，他就必须寻求帮助，于是这些给予他帮助的人就组成了参谋部。

然而，确实很少有高层领导能同时完成以下工作。

（1）每天必须进行通信、接待、会议以及各种活动。

（2）指挥和控制。

（3）研究制订未来的发展计划，协调正在进行的计划。

（4）在各个领域内不断寻找并引进改善的措施。

因此我们能看到，参谋部在各大公司里以不同的面貌呈现，如秘书、咨询专家（工程师、法律顾问、金融顾问、会计师）、咨询委员会、研究所、实验室，等等。

为了使他们能够随时接受调遣，直接对总经理负责，参谋部的成员不参与下属部门的执行工作。但并不反对同一个人，一部分时间在参谋部工作，另一部分时间在其他部门里；也不排斥参谋部的某位成员并不专属于一家公司，比如咨询专家可以每天、每周或每个月只为公司提供一个小时的有效服务。参谋部的建立和运转可以有多种形式，只要它能完全受总经理调遣，而且通过它的协助，领导的管理职责能够圆满完成就够了。

在领导的所有职责中，最重要的职责之一就是寻求改善的措施。人们十分清楚一家公司不进步就会落在竞争对手后面，因此它必须在每个领域内不断地追求进步。

为了实现这些改进，就需要一定的方法、能力、时间、意愿和资金资源。

改进的方法包括对已结束的工作进行观察、资料收集和归类，并做出解释和说明，从中总结经验，在整个研究过程中寻找规律，并在领导的推动下，使其应用于企业实践。

实际上，将管理科学上升到目前水平的大多数改善措施都沿用了同一个方法，这就是笛卡尔哲学方法。

当然，要想有效使用这些方法，单知道它的定义是不够的。

另外，还应具备随着经验积累而增加的能力。

这里，能力意味着拥有足够渊博的知识，并且凭借这些知识找到寻求改善的方法。然而，最博学的领导也不可能真正解决他所管理的公司内的所有问题。

领导总是被日常工作和需要及时解决的重要工作所扰，所以，通常他没有足够的时间致力于寻找改善的方法。

我们承认领导有决心使企业保持先进水平，因此企业把所有必要的金融资源都交给他支配。

所有这些因素的组合，才使得企业的各个物质和人力部门达到改善。

这种行动应该持续不断地在企业的各级领导和部门里得到推行。

因此，领导（企业领导、部门领导、车间主任）应该积极、持久地推进改善。为了进行有益的研究，他还应该得到必要的拨款。

但是，领导既没有足够的时间也没有足够的能力来完成研究工作，所以应该向参谋部寻求帮助。

比如在一家大型矿业冶金企业中，为总经理部门服务的参谋部是以专家顾问的形式出现的（冶金专家、采矿工程师、土木工程师、建筑师、电气专家、地质学家、化学家、法学家、会计师等），其中一些人将他们所有的时间都奉献给了公司，而另一些人只奉献了他们的部分时间。在地方管理部门中，参谋部是以技术秘书、专业人员、研究小组、实验室的形式出现的。

正是通过执行部门与参谋部门密切和持久的合作，无数改善措施才大部分得以实现。具体细节我们可以在技术出版物里发现。

区域和地方领导

设有总经理部门的厂矿集团是一个大型实体单位的延伸。正如人们一般听说的，一个实体单位有自己的经理，它可以是一个农场、煤矿、工厂等，其规模有小的、中等的、大型的和特大型的。

在小型和中型实体单位，通常总经理和部门经理直接联系；在大型工厂中，经常是总工程师扮演介于总经理和技术部门领导之间的中介角色。

地方领导的权力，一方面取决于事务的性质，一方面取决于总经理部门和地方经理部门的职权分配。有时候，这些地方权力部门近乎自治，有时候又相当受限制。

所需的素质和知识自然取决于对这些职权的要求。通过表2-1和图2-3（见第2章），我们了解到一家大型工业企业的领导首先应该是管理专家，同时，他也要具备相当高的技术水平，并保证其他四项基本职能发挥作用。

在大多数地方经理部门，我们发现，参谋部是以管理秘书、业务秘书、专业顾问、各种研究小组或实验室的形式出现的。

泰勒制度

我力求确切地阐述近年来经常被人们谈论的泰勒制度的组织系统，但这并不容易：对某些人来说，泰勒制是对工人劳动的管理指导，它建立在对劳动时间和动作细致而又专业的研究基础上；对另一些人来说，它是高速钢，是会计和薪资管理方法等。但是，我觉得泰勒制主要还是指泰勒本人所命名的"科学管理或职能管理"。在他后来的著作里，他对此有过长篇描述。

他在《工厂管理》一书中提到：㊀

最难组织的工业之一，是那些生产各种机械的大型机械制造业，这就是我为什么选择它来阐述的原因。

在实践中，这些企业的每个车间都通过我们称之为军事等级的原则组织起来，正如将军的命令通过上校、中校、上尉、中尉和下级军官传达给士兵一样，在工业企业中，来自总经理的命令经过部门领导、车间主任、副主任和班组长下达到工人。在这种类型的企业中，车间主任、班组长等领导的职责是多变的，因而要求他们具备大量的专业知识及相应的各种能力，只有才能出众并经过几年专业训练的人才能圆满地完成任务。正是因为我们在招聘诸如车间主任、工长等人才时遇到了诸多困难（几乎不可能找到），再加上其他原因，我们才发现，在一家大型通用机械企业中的最初几年，很少看见在招聘中成功的范例。

根据我的经验，几乎所有车间都没有足够的管理人员，因而致使工作不能经济地完成。

运用军队组织的管理方法，车间主任应该全面负责其车间的正常工作。

他应该是个好机械师。

他应该能毫不费劲地看懂图纸，有足够的想象力，以便通过图

㊀ 杜罗德·皮那特编辑，巴黎1913，摘自《冶金杂志》。

纸就可以清楚地展现要生产的零件。

他应该做好准备工作，保证工人手中有合适的工具和设备，能将零件正确地安装在机器上，并按照规定的速度和进刀量切割金属。

他应该监督工人保持他的机器清洁并处于良好的状态。

他应该监督工人按照质量要求生产产品。

他应该保证受他管理的工人持续、快速地工作。

他应该不断对每项工作进行预测，监督零件以规定的次序在机床中生产，让每台机器承担适合的工作量。

他应该，至少有一种普遍的方式，监督并记录工作的时间，确定每种工作的计件单价。

他应该在工人中间承担警察的角色，使工人服从他的命令，调整工人的薪资。

因此，很显然，一个普通班组长要担负的责任要求他有能力完成以上提到的9种职责中的大部分。然而，当我们能找到这样的人时，我们更想让他当经理或车间主任，而不是一个班组长。但是，当我们能找到一批有能力同时圆满完成四五项职能的人时，那么显然，管理工作应该依据不同的职能进行细分，具备某种能力的人就承担相应的职责。管理艺术中的重要部分就是以这种方式组织工作。依照我的观点，当我们抛弃军队的组织形式时，我们则做得更好，这就带来了管理工作的两项根本性变革：

- 工人、班组长、车间主任应尽可能地从编制、记录工作中脱离出来。

- 在整个管理工作中，军队组织方式可以被淘汰，转而由我们称之为职能式管理的方式所取代。

职能管理坚持以这样一种方式分配领导工作，即从车间副主任以下到各级人员，每个人尽可能承担最小的职责。在军队或一般的组织方式中，工人们被分成组，同一组的人只受一个人指挥，即车间主任或班组长。这个人是各个领导部门与工人之间的唯一联络人。相反，职能式管理给人印象最深刻的外部特征是：每个工人和领导的直接联系不再只是一条线的，即不再只是通过班组长，而是直接从分别负责8项专门职能的领导那里获得帮助和日常指令。

因此，在职能式管理中，我们发现8个人分摊了在军队组织中由一个组长承担的工作。

劳动分配办公室负责管理和下达上级指令，它包括负责指定作业顺序的职员、编制指令卡片的职员，生产班长、调度、督察和维修部负责人（向工人解释如何执行上级命令，并注意工作的进展速度），以及统计工人作业时间与劳动费用的会计。

最后，负责纪律的领导在整个机构中履行其职能。

在很多组织得很好的车间里，职能式管理已经在一定程度上被采用。某些领导已经肯定了这种方式的实际效果，即让两三个具有专门知识能力的人直接同工人联系，而不是像过去那样，通过班组长作为中间人。

这就是泰勒提倡的为大型机械企业的车间管理确立的组织系统。

它以如下两点作为理论基础：

（1）通过参谋部门来加强车间主任和工长的工作。

（2）否定统一指挥原则。

我越是觉得第一点很好，就越觉得第二点是错误的，而且还很危险。

通过参谋部来加强车间主任和工长工作的必要性　泰勒比任何人都更清楚，一个大机械制造车间中领导要担负的任务有多么复杂和沉重，这些车间领导只有在得到协助时才能圆满地完成任务。

为了达到目标，泰勒设想和实践了这样的方法：每个领导都由各种各样的专家协助，这样就避免了要求领导必须精通各项技能，摆脱了可能消耗他大量时间的众多干扰。这就是参谋部的作用。

这种机构不仅在机械制造车间里必不可少，在矿业、冶金等其他大型企业的维修车间，它也是必需的，我们在所有类型的车间里都能发现它。但是至今，在我们使用的各种组织方式中，没有哪个能让人完全满意。

我认为泰勒在唤起人们注意这一机构的重要性以及建立它的方法上做出了很大的贡献。

否定统一指挥原则　根据泰勒的观点，应该抛弃通常的组织管理方式，泰勒对被他称为军队式的组织管理方式流露出几分蔑视，他说：

在那种组织中，工人只从一个人，即车间主任或班组长那里获得指令。

然而，人们根深蒂固地认为，管理组织的真正基础是军队方式，它的原则是任何工人都不能在两个不同领导的指令下工作，但是直到现在，除了那些我亲自组织过的工厂，我还没发现哪个领导断然而自信地宣布，他使用了职能式管理方式就是因为这一原则是正确的。

根据泰勒自己的说法，即便他坚决要求，某些坚持统一指挥的信徒也不愿意放弃这一原则。

而我不相信，在全然违背这一原则的情况下，车间会良好地运行。

但是，泰勒却成功地领导过一些大企业，如何解释这一矛盾呢？

我想，实际上泰勒知道怎样把参谋部的职能同统一指挥原则协调起来。但是，这仅仅是个假设，我没法证实它的确切性。

每天，在各项事务中，在从上至下的各级管理系统中，人们需要把参谋部的职能和统一指挥原则协调起来。这要求一定的灵活性，泰勒应该深谙此道。

我认为，散播统一指挥原则不重要或可以不遭惩罚地违背它的思想实在危险，因此，我们应该小心地保留在现时看来仍很有效的统一指挥原则这一古老的组织管理方式，直到有了新情况发生。

我对泰勒的"科学管理"或"职能管理"持保留意见，但这并不妨碍我赞赏这一"高速钢"的发明者，钦佩他做出来的用精确测量的方法衡量工人劳动的创举。我佩服这位坚强且富有创造力的工业家在有了新发现以后，为了将其应用于实践，面对任何阻力和困难也从不退缩；我仰慕这位坚持将他的实验和研究成果受惠于大众的不知疲倦的政论家。我们祝愿这位伟大的美国工程师在这些方面成为我们许多同胞学习的典范。

股份有限公司的其他机构

图 5-2 和图 5-3 显示，在两个不同的工业企业中（冶金工厂和煤矿），

有从属于管理的一系列相同的机构。

这一系列机构因各大企业的类型不同而名称各异。

我们已经知道，在各个管理层级中，管理职能首先占支配地位，然后一步步让位给专业职能——技术、商业或其他的职能——这些是低层员工主要从事的工作。

图5-2虽然是一家大型矿业冶金企业的主要机构，但我们几乎可以在所有大型工业企业中发现它们，我们也能在商业、金融、军队、政治、宗教或其他性质的组织中，发现只有些微区别的这些机构。

社会组织的成员或组成要素

我继续以大型工业企业为例。

在这种类型的企业中，应该有如下人员：工人、工长、车间主任、科室经理、部门经理、总工程师、企业经理和总经理。

如同人们采用的材料质量会影响建筑物的外观和坚固性一样，人们聘用的员工素质同样也能影响社会组织的形式和价值。社会组织和机构的形式与规模取决于它所拥有的成员的能力，所以，人们自然应该为了每项工作的顺利完成尽可能地寻找最有价值的人选。

首先，我们试着阐述领导的必备能力。

在个体公司里，领导职能和执行职能是混同在一起的，所有企业活动都由一人来承担。

在小公司里，领导人承担全部管理职责，但他已经摆脱了大量具体的执行工作。

随着公司的扩大，当管理任务变得越来越重要并越来越难以完成时，领导人执行的具体工作就减少了。尽管领导下属的业务部门组织得很好，但领导这一角色要求的能力很快超出了他的个人能力所及。这样，我们看到在领导者周围出现了一些专业人员，他们减轻了领导的个人任务，比如：行政秘书、业务秘书、各方面的专家顾问、联系人员、监督人员以及咨询委员会，等等。

为了确定公司领导应具备的必要素质，必须明确参谋部在管理事务中扮演的角色。

理想的领导人是那些具备解决所有问题所需的必要知识的人，比如管理的、技术的、商业的、金融的或其他任何他需要的知识，他还要有充沛的精力、智力和足够的工作能力，来应付联络、指挥和控制这些管理职能。这样的领导只能在小企业里找到，在大企业里不可能存在，在超大型企业里更不可能存在。没有哪个人的知识可以解决大企业运行中出现的所有问题，也没有任何人能有足够的时间和精力来应对大企业领导所担负的多种职能。

因此，领导可以在参谋部寻求支持。参谋部贮藏着精力、智力、能力和时间，可由领导随意支配。

我们把参谋部的工作分成四部分：

（1）在日常工作中，如通信、接待、研究和准备材料等方面，给予领导者各种协助。

（2）联系与监控。

（3）预测未来，制订和协调各种计划。

（4）寻求改善措施。

所有这些都在领导的职权范围内，公司利益要求他们必须完成这些职责。领导人可以凭借个人能力，或依赖总参谋部的帮助完成它们。

参谋部的前两项工作通常都能圆满地完成，但是预测未来和寻求改善措施这两个使企业成功的重要因素却经常不幸地被忽略。人们还没有把参谋部看成思考、研究和观察的机构。要知道，参谋部的主要职能包括在领导者的推动下，预测未来和尽可能地寻求改善方法。为了使参谋部顺利地完成这部分职能，应该使它从企业日常的工作责任中脱离出来。

没有哪个部门像参谋部这样要求企业领导给予他们更多的关注、更多的仲裁权、更多的经验、更多的权利和更多的方法。参谋部是领导为了（也只是为了）企业的利益而建立的，但它看起来却有点像领导的私人部门，因为它是指定给领导支配，用来弥补领导人的不足而设立的。它容易被滥用，从而引起公众强烈的批评。这也许是为什么人们不要求它去做它能做的所有工作的原因。

大企业领导

在研究企业领导必要的能力时，我们应该一方面考虑到转移给部门经理的那部分责任和权力，另一方面应注意到领导能够在参谋部得到的协助。

另外，我们也观察到，一个有效的管理机关的主要特点几乎都是管理方面的。事实上应当承认，当计划、组织、指挥、协调和控制被有效地应用到公司的各个领域，每项职能都被正确执行时，公司的运作就会令人满意。

我们可以得出结论，大企业领导人首先应具备的条件是他应该是一位好的管理者。

但是管理能力并不能使领导者推卸对技术、商业、财务或其他重大问题做出决策的责任。

他不可能一个人完成所有事情，因此大量的决策必须依靠部门经理和参谋部来做出。但是，当他对企业专业领域的知识，如工业领域中的技术能力、商业领域中的商业能力、国家中的政治谋略、军队中的军事才能，教会中的宗教、医院的医学、学校中的教育等一知半解、差强人意时，那他也并非一位好的领导者。很显然，当领导者对企业中最重要和最常见的问题有深刻的认识时，他才能做出决定。

这样，大企业领导应该具备的第二个条件是：对企业从事的专业领域的知识有相当深刻的认识。

我们不要求企业领导人在其他基本职能上具备同等程度的能力，因为人的能力是有限的。我们只希望他对公司的次要职能方面有足够全面的常识，以便他能根据部门经理和参谋部的意见来为每项企业事务做出明晰有效的决策。

总之，大企业的领导人应该具有的素质和知识如下：

（1）身体健康、精力充沛。

（2）精深的知识和智慧。

（3）道德素质：坚忍不拔、顽强、深思熟虑、决心、积极性、毅力、必要时的勇敢、承担责任的勇气、责任感、关心整体利益。

（4）丰富的一般文化知识。

（5）管理能力，包括：

　　计划——制订和让别人制订行动计划的能力；

　　组织——重点应该懂得如何建立组织机构；

　　指挥——管理人的艺术；

　　协调——协调所有行动，集合所有力量；

　　控制。

（6）对每项基本职能有一般性概念。

（7）在企业的专业领域有尽可能深刻的专业知识及能力。

对于企业领导人来说，这七种素质和必要的知识非常重要，不管企业属于哪种类型，前六种素质都是相同的，唯独第七种，包括了对每个不同类型的企业来说需要具备的专业特征。

因此，对企业领导人的共同要求是：身体健康、体力充沛，有智慧、有道德素质、有一般性文化知识，对所有基本职能有一般性概念，管理能力强。

工业领导、商业领导、政治领袖、军事首领、宗教领袖，这些同等级别的人，在前六种能力方面都很相似，唯一不同的是企业所要求的特有的专业素质。

最常见这种情况：一个由于专业技术能力强而成为领导的人，最开始引起大家关注的是他出类拔萃的专业能力，如果他同时也具备很全面的素质，很可能就会成为一名一流的领导人。由此，经常会出现因专业上的卓越表现掩盖了一般性能力的情况。在大工业企业中，人们固执地只看见出色的工程师或精明的商人，在政府中只看见那些幸运的将军或雄辩的议员。但是，最杰出的专业能力也并不足以让一个人成为优秀的领导者。要想成为一名优秀的领导者，应该具备较高的以上列举的所有知识和素质。一个人，要想如此完美几乎不可能。应该承认人都有弱点甚至缺陷，但是该如何衡量呢？

没有健康可能会让其他所有的能力丧失殆尽。这同样适用于智力的不足。依靠部门经理和参谋部的协助，领导人可能在大范围内弥补知识缺陷，甚至可能是涉及企业专业领域的那部分知识，但什么也不能补偿管理能力的缺失。此外，高级领导人哪怕是最细微的道德瑕疵都能引起最严重的后果。领导等级的高度如杠杆之臂，其长度能显著增加作用效果。一个处于七八层级的领导，其优缺点的重要性要比一个工长大一百倍。

中小企业领导

一个大企业领导需要具备的必要知识和素质，同样适用于国家领袖、手工艺人或只有一名员工的工业或商业公司，它们只是程度上不同而已。这些素质性质相同，但水平各不相同，由此构成了高级或低级的领导价值。

作为超大型企业领导，管理能力不仅是所有能力中最重要的，而且它本身的分量超过了其他能力的总和。然而，对于这种企业的领导人来说，完全缺乏其他附属的能力也是一个严重的缺陷。当然，他能通过参谋部来弥补这些缺陷。

对个体企业领导人来说，最重要的能力就是技术能力，即公司专业领域的技术能力。但是，对于这样一位领导者来说，对其商业和金融能力的要求比大企业领导相对多一些。

本书第一部分的图 2-2 表现了随着企业规模的变化，领导的各种必备能力的相对重要性也相应改变。

不要忘记这个图仅仅体现了相对作用，在个体企业中领导的这种能力与大企业领导的相比，除了名称相同，其余几乎没有共同之处。

部门经理

在一系列的企业领导 CE^1、CE^2、CE^3、CE^4，…，CE^n 下面，我们能发现一系列部门领导 CS^1、CS^2、CS^3，…，CS^n，企业领导承担全部责任，应该确保所有职能的执行；部门经理只承担公司某个部门的责任。

图 2-1 和图 2-2 表明，部门经理和企业领导的能力由相同的因素构成。然而，在企业领导 CE^n 和同样级别的部门经理 CS^n 之间，前者负责整体，而后者只负责局部，这就是他们的不同之处。

基层员工——工人

甚至对企业基层员工来说，他的能力也和企业领导的一样，由相同的因素构成。但是，在企业领导的职能和员工的职能中，这些因素的绝对重要性和组成比例是很不相同的，所以一开始，我们很难认识到它们的同一性。

我们现在来看看构成企业员工和领导能力的各种因素及其所占的比例。

构成企业领导和员工能力的因素

1. 健康和体力　上至最高领导，下至工人，健康对工业企业的所有员工来说都是重要的。

2. 智力和脑力充沛　智力包括理解能力、消化吸收知识的能力、判断和记忆的能力。

充沛的脑力能够让人集中精神有效地思考紧迫的问题，也能够无需任何转换就可以同时思考各种各样的问题。

当工作程序越复杂、业务涉及范围越广、事务越庞杂时，对智力和脑力的要求就越高。高级领导需要宽阔的视野和灵活的思维，而这些对工长的要求就比较低，对工人就更低。

记忆力的衰退会给脑力带来极大的影响。

3. 道德素质　人们经常使用代表个性的词语来表示某些道德素质，诸如：毅力、坚定、诚实、有创造力等；我避免使用这些词，因为它们的意思有点模糊。

人们要求所有的工业企业员工，无论级别如何，都要遵守纪律、正直、具有献身精神。对于每个人来说，创造性都是弥足珍贵的天赋，但是在企业中，级别越高，它的作用越大。至于坚定性、分寸感、承担责任的勇气，它们的重要性随情况而变，而且，人们认为它们首先是高级领导人需要具备的优秀品质。

4. 一般性文化知识　这个文化是指非企业自身专业领域的知识，它一部分在学校里获得，一部分在生活中得到。我们看到某些人，他们只接受了小学教育，但是他们却在工业或商业领域，军队或政界中晋升到一个较高的位置，他们的学识和他们的地位总是相称的。同时应该指出，每一个得到晋升的人都需要扩大知识面，而大学并不重视中等教育以外的那部分一般性文化知识。

5. 管理知识　这些知识包括计划、组织、指挥、协调和控制。

工人只要求具有初级管理知识，高级别的公务员，特别是对大企业领导人来说，就要求具有广博的管理知识。

但学校并不教授管理知识，人们只能在经验主义高于一切的车间里学到它，所以，管理教育普遍不充分就不足为奇了。我认为，现在是该把已有的经验系统化，建立一个让大众所能接受的学说的时候了。

6. 关于其他职能的基本知识　从工人到工长，从车间主任到高级经理，再一直晋升到工业企业的领导，人们发现每个人要掌握的专业知识和技能在不断增加：工人一般只干一种工作；工长就要有监督四五种工作的能力；车间主任就要监督 8~10 种工作；工程师则要监督更多的工作，至于经理，不仅要有本企业专业的技术能力，还要有商业、金融或其他那些他必须掌握的能力。

因此，通常工长的专业能力要比他监督的工人低，车间主任在每个工序上的专业能力要低于这一工序的工长，工程师的专业能力比不上车间主任。对管理者来说，他并不奢望自己比下面各部门领导的专业能力强，但是他应该具备所有部门的知识，随着他地位的提高，要求的知识量也越来越大。

7. 企业专业技术能力　这种能力几乎组成了一个工人的全部价值，但对企业领导来说，它只能占到 1/10~1/4，因为他更加需要管理能力。

不要忘记这样一个观点："能力"这个词并不表示不同级别的人所需要的素质和知识的组合比例是一样的。

组织图表

图 5-2 和图 5-3 这种形式的一览表，使组织结构的建立和监督变得更方便。它有利于迅速了解整个组织及各部门的情况，了解各部门的限制、权力等级等，这比那些冗长的描述更加清晰；它能使人们注意到企业的薄弱点，诸如部门间的越权或职能重叠、双重指挥、无人负责的职能、缺乏统一领导，等等。

这种表现方式适用于所有类型的企业，不管是大的、小的，正在发展中的、衰败的或是刚成立的，概莫能外。在公司草创期，组织图表是要填的格子，随着部门招聘和建立的完成，人员才各就其位。

使用组织图表并不只局限在组织的建立上。当企业的情况或员工发生改变时，组织一览表也随之而改变。然而，社会组织的各个部分出现的每一个改变都会引起重大反响，并影响到整个工作的运转。一览表特别起到了发现和避免这些改变的作用，但必须经常按实际变动对其进行修改。因此，它是领导的宝贵工具。

通过组织一览表，我们能看到所有员工、每个部门的结构和界限，每个职位由谁负责、员工要服从的领导和他能指挥的下属，但是它不能表示出员工的个人价值、权力分配、责任范围以及任命候补者的情况。为了了解这些情况，应该附一个为它们专门制作的表格。参谋部的构成也应该另外列出。

招聘

招聘是指为建立组织结构寻求必需的人员。

这是企业最重要也是最困难的工作之一，它在很大程度上影响着企业的命运。

如果人员招聘得不好，其结果关系到企业人员队伍的构成。通常，工人的重要性相对较小，而如果涉及高级员工，结果就很严重。

选择的困难性随着企业员工级别的升高而增加：几天，有时甚至是几小时，这对评价一个工人的能力已经够了；但是要想认识一个工长的价值则要几个星期甚至几个月；要想确切地评价一个大企业领导的能力有时候可能需要几年的时间。因此，在企业领导人的选择问题上切忌犯错。

招聘问题是所有类型的企业都关心的问题，尤其是大企业，对此更深切关注。股东会议最重要的工作就是任命董事会，而董事会最关心的是是否拥有一个优秀的总经理部门；招聘各级别的员工则是权力执行机构最关心的事情。

几年前，法国冶金委员会发起了一场争论，这说明工业界和普通大众多么关心工业企业最高领导人的任命问题。

法国冶金委员会主席在给公共工程部长的一封公开信中说：

> 思维清楚、知识广博、判断正确且深刻，具备这种素质的人可以委以重任、开创事业并保持法国的地位，尽管法国的自然资源短缺，但由于这种人的超群天赋使法国位于工业设计和科学的前沿。但是，近年来这样的人已经大幅度减少了。
>
> 我们大部分年轻的工程师，不能用清晰的报告来表达观点，致使人们无法清楚地理解他们研究出的结果或他们观察事物取得的结论，因此他们不能有效地利用所学的知识服务于社会。

冶金委员会主席将这种令人痛心的情况（至少是大部分），归因于自1902年以来，大学的中等教育新的指导方针。

有能力管理一家大企业的人是这么少，而不知道如何清晰地写报告的人又是如此之多，毋庸置疑，这一事实已经相当严重，所以，人们应该坚持不懈地寻找原因并寻求补救的办法。

于我而言，这并不是中等教育计划的原因，而是工业集中化和对高等技术教育的理解及其实践方式的结果。

大企业领导总会遇到重重困难，要了解这些困难，只要瞥一眼一位大企业领导所需要担负的各种各样的责任就可以了。这些困难由于事物本身固有的性质而存在，并且永远存在着。然而，工业集中化和工业目前的发展是刚刚兴起的，正是这个原因让大企业不断增加，同时也造成了大企业领导人的缺失。

在一家大企业将一定数量的中小企业取代的过程中，工业集中化产生了各种各样的影响，引起的共同结果是：

（1）诞生了大型组织，要求管理人员有更强的管理能力。

（2）集中化不断需求高级人才的同时，它也使很多企业消失了，而正是这些企业常常被当作培养管理人才的学校。

（3）在中型企业中，各部门领导由于业务的需要，在某种程度上，他能对邻近部门的业务有初步的了解。在超大型企业中，每个部门都相当重要，消耗着部门领导的大量精力和时间，虽然他可能因此晋升到本部门的一个更高级别，但常常这就是他毕生事业的巅峰之地。因此，这一群优秀人才就这样丧失了被培养成为高级领导人的机会。

毫无疑问，工业集中化增加了对高层领导的需要，同时也使对他们的培训变得更困难。

我认为，高等技术教育应该朝着更加满足工业需要的方向发展，但现行的教育方式不能达到此要求。

企业人员的培养

企业员工的职位越高、越复杂，就越难衡量其必备能力和素质之间的比例关系。每一种情况都需要专门地研究。

但是不论选择员工有多困难，它还是没有培训员工那么难。一个好员工——具备技术的、商业的、金融的、管理的或其他方面的能力——不是天生的。为了使员工能具备这些能力，就要培养他，这种培养一般体现了长期艰苦的努力，这种努力，家庭、学校、车间和国家都参与其中了。

所有类型的企业都十分关心员工的培训问题——工业的、商业的、军事的、政治的、宗教的、社会的，都莫不如此。为了培养出好员工和好的领导者，来自各个方面的努力都如此巨大和相似。

这里我要谈一下法国煤炭和冶金企业的人员培训问题，它的方法大部分被应用在各种类型的工业企业中。

学校的作用

高等技术教育

在法国，煤炭冶金工业的领导和高级管理人员来自不同的地方，但主要是高等土木工程学校（巴黎国家高等矿业学院、圣·艾蒂安国家矿业学校、工艺中心学校等）。

从这些学校的教学和招生大纲中，我们能看到那些起主导作用的教学思想。

首先我们看到的是，几乎所有课程都是技术性的，没有管理、商业、金融、安全（当然是指企业的安全）方面的课程，会计课程只有一点点。补充一下，在那里，一般文化知识很少影响到成绩名次，体育和德育也没出现在课程表上。

另外，我们还注意到，在招生过程中，数学成绩能起到决定性的作用。

这种教育与一个工程师或企业领导人应该具备的素质和知识之间存在如此大的差距，因此，如果没有达到预期的效果也就不必大惊小怪了。

看起来，我们的国家土木工程学校也忽视了健康和体力的作用，而这些都是工业企业的领导人需要具备的重要素质。

英国人对这方面素质非常重视，也许他们又做得太过了。在法国，虽然人们也开始体验到运动的乐趣，但与"过分"的程度相比，我们还有很长一段路要走。为了让学校足够重视学生的健康和体力，公众舆论还需要努力。

创新精神、毅力、尺度感、承担责任的勇气、责任感等道德素质，对工业企业的高层领导者来说非常重要。这些素质对未来领导人的重要性应该尽早被充分认识。

与体育、德育相同，一般文化知识在我们土木工程学校里也没有得到重视。学校把目光都集中在"技术"问题上。

不单如此：候选者通过数学成绩来选拔，预备课尤其重视数学，却几乎没有文学、历史和哲学课程。

然而，工业企业的领导和工程师，除极个别例外，都需要能说会写，但并不需要精深的数学知识。大家可能不知道，简单的三率法对企业人员和军队首领，已经足够，在四五年的必要文化教育中，过度花费时间用于数学的学习实在是一种错误。

我以后还要谈到这个话题。

1. 管理知识

在一家大型工业企业中，最需要领导人高度、直接重视的职能首先是管理职能（行动计划、招聘、组织和管理人员、协调、控制），然后是技术和商业职能，最后才是对领导个人能力要求较少的金融、安全和会计职能。

企业领导的管理工作量巨大，且耗费大量时间和精力。

对担任分部领导的工程师来说，管理能力和技术能力同样重要。这一事实也许让人觉得惊讶，但也很容易理解：冶金分部的领导，例如高炉、炼钢、轧钢部门，几年来，不再只是从事冶金部门的工作，更不仅仅只是局限在冶金系统内的某个分部，他在学校里学到的矿业、铁路、建筑等知识的一切细节，对他来说，只用得到一部分，而人员的管理、发出指令、预测等，总之，所有的管理工作，却需要他时时刻刻地关注。而且，对于他已经取得的职位以及未来的晋升而言，也许更多地依靠的是他的管理能力而非技术能力。

如果他想一直升迁到领导岗位，那么他不仅需要增强管理方面的知识，而且他还要懂得商业和金融方面的知识，而这些他在学校里从未学过，会计学也只是学了一点点。

为此，我们不用花费很大力气就能设想出一种更符合目标要求的教育方式。

毫无疑问，大量技术知识对工程师非常必要。他应该有足够的一般知识，以便能迅速着手人们要求他参与的技术活动。但在工厂里，人们不指望他一离开学校就有能力管理一个高炉，就能管理矿井的挖掘工作或制造一台机器。就是同期毕业的第一名也不能马上完成这些工作，只有通过或长或短的实践启蒙后，他才能完成这些工作。

站在管理的角度看，这样的准备工作也是完全必要的，如果缺乏这种准备，再加上没有足够的商业、金融、安全和财务知识，这对工业企业高层员工的培养来说，就是一个严重的错误。

现在我们的高等土木工程学校的教育方针存在两种错觉。

第一，工程师和工业企业领导的价值几乎只由技术能力组成。

第二，工程师和工业企业领导的价值直接同他们学习数学的年限有关。这比前一种错觉更可怕，也许更难以消除。

2. 数学的滥用

数学是教育中最重要的课程之一，是发展物理和机械的有力工具，要想献身工业都要掌握或多或少的数学知识，没人想置疑这一点。但是，应该别忘记"尺度"问题。

哲学、文学、自然历史、化学也都是社会发展的重要因素，是否我们能拿这个当借口，来迫使我们未来的工程师多学几年这些知识呢？

人们滥用数学基于这样的信念：他们认为，了解更多的数学知识，就更能做好企业的管理工作。他们还认为，数学比其他知识更能提高判断力。在法国，正是这些错误的认识导致了一种严重的偏见，我觉得应该扭转这一偏见。

这种滥用是从哪里开始的呢？

为了便于讨论，我把没纳入中学会考大纲的数学称为高等数学。会考大纲的内容是普及一般文化教育的部分，超出这个部分的数学，就是被称为

"专业"数学的那部分，事实上，它已经成为巴黎综合工科学校和土木工程学校的一门专业了。从年轻人进入"数学专业班"开始，他们就已经不是在接受一般教育，而是专业化的教育了。

我个人的长期经验告诉我，高等数学在公司管理中毫无用处，采矿工程师和冶金工程师也几乎用不上它。我很遗憾，我们高等学校里的学生竟然长期被没用的学习束缚着，而不去了解那些真正需要学习的东西。工业企业需要年轻工程师有健康的体魄和旺盛的精力，我希望人们能减少数学课程，并开设管理教育课程。

1900年的矿业冶金会议让我有机会能阐述这些观点。

我做完报告后，大会主席哈同·古皮耶尔先生发表了如下讲话：

> 先生们，你们的热烈掌声足以表达法约尔的讲话是多么震撼人心……但是我希望能允许我发表一些看法，因为，在这里，应该为数学做些辩护。
>
> 先生们，我是以纯数学开始我的职业生涯的。在20年间，我在矿业学校或索邦大学教授微积分和机械学。在矿业学校，我也曾赞同您刚才的观点，法约尔先生。我将微分学和积分学的课程学时降低到10节。在这10节课中，为了让我的学生不会因为减少了课时而学不懂其他课程，我谨慎地压缩那些我认为是必要的知识。之后，我改教矿山开采和机器开发课程。分析课程委派给一位非常杰出的人士（矿业学校的老师一定知道我说的是谁），一位一流的数学家，他主张应该重新安排这门课。从那时起，人们就遵守了我的这位继位者制定的教学范围。但是我认为法约尔先生的观点是对的，应该将纯数学缩减到年轻人必须要应用的界限。但是，我的赞同意见仅限于此。因为工程师们不应该仅满足于能够对付未来要执

行的计算,依法约尔先生的说法,就要把数学教育降低到几乎为零。首先,学生们应该能够通过学校的学习,在矿业学校里,如有可能,教学都是以精确的数学公式来分析问题的。但是先生们,我认为,数学对于培养学生的思维能力是一个强有力的工具。一旦他有了工程师的思维方式,就可以——如果你们愿意——把数学放在一边了。你们的学生极有可能成为一个高级工程师或是精明的管理者。同样一个人,如果你们让他只接受初级的数学教育,是不可能达到同一个水平的。

这就是我想对最杰出、最高贵的我的反对者所做的精彩演讲提出的唯一修正。

另外,我想对法约尔先生说,他处在一个能把他的想法尽可能传播的有利位置上,因为他属于一个最重要的委员会——圣·艾蒂安矿业学校董事会,他是其中的成员。除了老师外,那里还有相当数量的大工业家,确实,我们无法再找出像他这样在工业部门有重要地位又有极高理解力的人来了。

既然,哈同·古皮耶尔先生,如此享有盛誉的数学家,杰出的教授,也接受了在高等矿业学校中应该把数学教学精简到保证学生通过学业的最低程度上,那我的建议就不可能被比他更高的权威来支持了。

有一个问题需要明确:基于单纯培养判断能力的想法,未来工程师是否该用几年的时间来学习高等数学。

如同其他所有基础知识一样,学习初等数学能帮助培养判断能力,我对此深信不疑。但是对未来工程师来说,毫无必要过度强迫他们学习高等数学,如果认为这会有同样的作用,我决不同意这种观点。不论什么科学,过度强化都是有害身心健康的,学习数学也不例外。长时间地、强化地学习数学，只会让本来运转良好的大脑受到损害。人们认为，某些卓越的数学家并没有实用的理性；而众多有理性的人，并非是数学家。

奥古斯特·孔德指出：与复杂的社会现象相比，数学活动是最简单、最不复杂、最"粗糙"、最抽象或最贫乏、最脱离现实的活动。

如果判断能力取决于高等数学的掌握程度，那么人类早就丧失了判断力，而且现在也很少有人能具备它。律师、教士、医生、文学家、商人，可能全都失去了判断力；见多识广的工长常常是工厂的主要力量，家庭主妇如此完美地勤俭持家，他们都失去这一宝贵的财富——判断力，而仅仅是数学家才拥有它。显然，没有人会愿意支持这个想法。数学教育能起到的作用并不比古典文学多，这种教育效果主要存在于我们经常遇到的社会问题当中，只要我们运用大脑去思考、解决问题，不管是何种性质的问题，都有助于我们培养判断力。

然而，无需争议，在法国，高等数学却享有非常高的声誉。

为什么呢？

这并非因为工业企业领导使用了数学，因为他们根本就不需要它。

数学能帮助军队领导吗？更不是。

"借由科学和工业的进步有利于抵御外辱，"马亚尔德将军如是说，"人们声称，战争将完全科学化，它要求精深的数学知识。"

"没有什么比这更违背战争精神了。至今，简单的三率法已经足够解决军事行动中的计算问题了，今后也如是。"

因此，三率法则无论对军队领导人还是对企业管理者都已经够用了。

如果人们回溯一下拿破仑在19世纪前15年所做的研究，完全有理由相信，战争之神从没有使用过更复杂的公式。

因此，我们也无法从这方面找到关于数学在国家中享有如此高的声望的解释。

对于煤炭冶金企业的工程师来说，无论他们是毕业于中央学校，还是工艺学校，我从未发现他们完成工作需要数学的帮助。唯独那些专门从事建筑业的人，他们通常是工艺学校的毕业生，他们从未学过高等数学，但他们倒是经常使用那些在公式汇编里才能找得到的公式。

这里已经没有必要再指出，大企业领导所需要的基本科学——管理学，它和高等数学没有任何共同之处。

高等数学在法国的崇高威望，我发现唯一合理的解释是：巴黎综合工科学校在法国享有无可比拟的声望。

这一声望来自：

（1）在国家公职和军队中，国家为这个学校的学生保留了一些职位，这一事实给那些在国营或私营企业里工作的学生带来深刻的影响。

（2）学生的个人价值观。

因此，一些勤勉、聪明的学生付出巨大努力，为的是能获得巴黎综合工科学校的毕业生头衔，以便能从中受益，这实在自然不过。家庭和学校领导也都引导每个聪明的孩子向此目标努力。

因为入学的筛选和毕业的排名都以数学成绩来衡量，所以公众就得出结论说：数学是精英的科学，因为它能帮助人们获得梦寐以求的地位。

人们就是这样缘木求鱼。如果追溯巴黎综合工科学校被人推崇的原因，数学并不占一席之地，或者作用并不大。但是，这所学校之所以被青睐，那是因为它的学生有幸享有政府留给他们的特权，同时学生本身的价值观也起到一定作用。

如果没有这种特权，这所学校的声望很快就会消失，数学也不会使它得以幸免。

相反，如果这些特权一直存在，在人们的入学和结业考试中，数学与化学、地质或体育占一样的分量，甚或演讲艺术和写作也得到垂青，这所学校还是会像过去一样为人们孜孜所求，大部分学生也会有足够的能力胜任人们给他预留的职位，那么高等数学就不会再有现在的声望。

巴黎综合工科学校在全国招收的是最聪明的孩子，那它的学生自然也是很优秀的。如果这些孩子不乖乖地学那么多数学，他们就失去了精英本色了吗？显然，不让他们过多地学习数学，不是有害而是有益。

人们应该自问：既然高等数学对企业领导人没什么用处，对工程师和军人作用也不大，当人们让年轻学子负担过重地学习数学时，它也并没有对判断能力的培养起多大作用，甚至可能还有害的话，那为什么它还要在巴黎综合工科学校的招生大纲和学生学习过程中占第一位呢？当我了解到，普遍认为数学能方便主考官排列名次，因此才出现这样的结果时，我实在感到悲哀。

无论如何，我希望巴黎综合工科学校减少数学课程，提升文学课的地位，并将管理学也纳入教学计划。

我确信它的声望并不会因此而消失，而其他那些自以为必须要仿效它的土木工程学校，也许会停止强迫它的考生和学生学习那些无益甚至是有害的东西。

3. 学期期限

在1900年的矿业和冶金会议上，我曾说：

> 我们未来的工程师在学校的板凳上坐太久了。工业企业需要年轻人有健康的体魄，能随机应变，不自命不凡，甚至可以说能够充满幻想，可是，它接受的工程师经常是疲惫不堪、身体衰弱、精神萎靡的，他们达不到人们的期望，不管是适应日常工作，还是应对变革的事物。
>
> 我相信删去那些教学中无用的东西，使工程师尽早踏入职业生活中，他们照样会得到很好的培养……

从 1900 年以来，关于我对工程师学习期限过长的观点已得到广泛认可。

我估计 4 年的时间足够让一位优秀的中等教育毕业生获得高等技术学校的文凭。年轻的工程师也许应该在 21 或 22 岁时准备进入工厂，这个年龄，他就已经可以工作了。

而且，他们还应花费 6 个月的时间学习管理、商业、金融、安全和会计学这些在今天的学校里没有的课程。这样，他们就可算得上有用之才了。

因此，我们至少节省了两年时间，这些时间曾被浪费在学习高等数学和某些技术课程无用的细节当中去。

我确信，如果这样培养土木工程学生，那他将比现在在职的、用老方法培养出的人出色得多。

再有就是军队问题了，我觉得没必要在这里研究它了。

人们都深切关心年轻人的教育问题，因为他们是工业未来的重要支柱。这一想法让我决定在这里给他们提出一些建议，如果我有决定权，我希望在他们毕业时送给他们。

4. 给未来工程师的建议

你们将幸福地想到自己终于是有用之才了，你们有理由希望通过劳动获得令人尊重的职位。

你们将来需要的素质并非完全是今天让你们名列前茅的那些东西。比如健康、行为举止、管理技巧等，这些都不是考试内容，但是都在一定程度上影响着你将来的成功。事物并非是一成不变的，所以一点都用不着奇怪，为什么那些曾经名列前茅，甚至第一名的人并不一定能获得最大成功。

你们还没有准备好承担企业领导的职位，即便那是一家小企业。学校没有给你任何有关管理和商业的知识，甚至那些企业领导必需的会计知识你们也没有学到。即便你们学过，你们也仍旧缺乏被人们称作"实践和经验"的那部分知识，而这些只能通过在与人和事的接触中得到。

你更未准备好立刻领导一个技术部门。任何一个领导都不会轻率地让你立刻去打矿井，管理高炉或轧钢机。首先，你们应该掌握你们不熟悉的业务。

如同你们的大部分前辈一样，你们开始是以一名助理工程师的身份工作，或者从事一些不重要的工作。

人们并不指望你判断准确，拥有技术上的实践经验，也不指望你完全了解那些与你工作相关的所有细节，人们只希望在你完成工作任务的过程中，你能应用所学，积极思考，有逻辑性，善于观察，并在工作中富有牺牲精神。你所拥有的理论知识能够让你迅速掌握任何类型的工作细节。

你的未来很大程度上取决于你的技术能力，但是它同时更取决于你的管理能力。甚至，对于一个新手来说，懂得指挥、计划、组织和控制，是对技术知识的很好补充。人们并不是通过你知道的来评判你，而是通过你的工作成果。

即便是工作之初，没有其他人的合作，一位工程师也只能完成少量的工作。因此，对于你来说，懂得与人交往的艺术也是当务之急。

最开始，你的直接上级是工长，这些人大部分是老工人，凭借他们自身的智慧、指挥和领导能力而被选拔出来。他们既有工人的经验，也对车间的运行很了解，这些都是你缺乏的，而他们对此驾轻就熟。他们也清楚你比他们有文化，而且他们对科学还有由衷的敬意。这些是你们之间应该建立的，彼此默契合作的基础。

不要忘记，通过多年的工作实践，工长拥有丰富的经验及很强的判断力，要想到与他们接触，你能得到必不可少的宝贵经验，它们是对你学校教育的必要补充。

与工人交往时，要保持礼貌亲切的态度，你要专心研究他们的举止、性格、能力、工作，甚至他们的个人兴趣。要提醒自己，在各个社会阶层都有才能出众的人。在正确的领导下，他们不仅遵守纪律，而且能在困境和荆棘中逆流而上，忠诚果敢，克己忘我，富有牺牲精神。

在工作中，你要谨言慎行，不要随便责备他人。如果由于对规章或事实的错误理解而做出错误判断时，你应该开诚布公地承认。

在履行职责的过程中，你要热诚真挚，努力争取领导对你的好感。而领导对你的亲切善意，你切勿滥用。

要审慎、有分寸地评价你周围的人和事。任何评论都应该出于帮助其改善的良好愿望；任何出于其他目的的批评都是轻率和充满恶意的。

自信，但不自负；切勿轻视他人的意见或忽略别人的经验。但当你熟谙你的课题且确信自己正确时，你要自信且充满热情地捍卫自己的观点。当你无法使自己信服时，就很难做到让别人信服你。

你的时间永远不会被你的专业工作消耗殆尽，因此你总是能找到足够的时间学习。

要不断完善专业知识，但不要忽视涉猎一般文化知识。你会看到，让你最尊重和敬佩的领导永远在精益求精，不断学习。

你应该确信，周围有许多值得你学习的东西。如果你投身其中，你会发现一切如此有趣。要学会记笔记，随着时间的流逝，你会发现它们已然印入你的脑海。如果你能将它们分门别类，不久就会发现你所做的是一件非常有益的事。

毫无疑问，如果你热爱你的职业，你很快就会遇到引起你兴趣的问题，渴望对它们深入研究。你利用自己的业余时间，探求就同一课题其他人曾经做了些什么；是否他们留下了有待解决的问题。

增进知识不能只靠每天日常的工作，要通过个人努力，用书籍、杂志充实你自己，如果不这样，你只能收获失望。

你要报名参加你本专业的重要技术协会，成为其中的一员，参加聚会，列席会议。如此，你可以和专业领域内的杰出人士保持联系，尽快尽早地发表你的研究成果，但是，首先务必谦虚谨慎，这样你才能发挥才能，了解自己的所长所短。

在这个世界上，健康是通向成功之路的必要条件，因此要呵护你的身体，切勿过劳。为此要将锻炼身体和脑力劳动结合在一起。

在关键时刻，你可能要日夜不停地紧张工作，直到精疲力竭，但小憩一会儿就能很快地恢复到正常体力。要知道，过度劳累和其他任何过度活动一样都是危险的。当大脑疲劳，不听使唤时，就要消遣娱乐一下了。从不休假是个坏习惯，这样会影响你的工作质量和数量，降低工作效率。

保持一个年轻人应有的勇敢和热情，永不气馁。

当人们在工作中竭尽全力，忍受着疲劳和烦恼将任务完成时，生活中的满足让他感到辛苦有了回报。

要富有创新精神，勇敢无畏，害怕承担责任是懦弱的表现。

不要忘记，就算把所有智慧，所有努力，所有才能都奉献给企业，也可能会遭遇失败；机遇和环境有时对企业的成功有巨大的影响，因而也会影响到领导它的人。

但是不要夸大机遇的作用。第一次成功也许仅仅是运气，但是如果不断取得成功，那人们必须要承认个人价值在成功中起了重要作用。

你们是精英之士，因此不要对时事漠不关心。你们要对现代社会各个领域内的思潮有广泛的认识。

你不仅要为自己负责，也要为同事、领导以及你所服务的公司负责。你的能力、你的态度、你的言辞、你的品行都应该体现出你的责任感。

最后不要忘记婚姻在人们生活中是头等大事，它很大程度上影响着生活是否幸福，甚至影响着事业是否成功，因此你要努力寻找满意的伴侣，同时也要注意她是否适合你。

中等教育

中学的中等教育是以普及一般文化知识为目的，以取得会考文凭为结果的，它不为任何职业培养专业能力。中学毕业的学生从事工业部门低层岗位的能力赶不上那些工业部门培养的初等生，他们也不可能胜任高级职位。他们好像工业过程中的过渡产品，需要再教育才能让他们成为有用之才。

对于未来工程师来说，这种再教育发生在高级技术学校，报考者都要有一到两年的预科学习才能进入高级技术学校。无论从国家需要上看，还是从年轻人的未来着眼，如果中等教育与客观要求不符，那也不该是由中学承担这个责任，而应该归咎于制定准入条件的高级技术学校。中学只是遵从预备课程的教学要求而已，它没有任何责任。如果有一天，高等技术学校对它的报考者少要求点数学，多注重一点清晰表达思想的能力和管理知识的话，那中学教育就会与之协调。我希望那一天不要太远。

大学教育

大学教育并不着眼于工业需要，它的学生可以在各种各样的职业领域内施展才华：医生、律师、教师、商业、农业、工业学校、军队，等等。

在学生开始专业学习前，他们还应得到普通教育，大学是否为学生提供了这种教育了呢？

从工业角度来看，锻造委员会认为大学没有提供这种教育，并且认为1902年通过的教学大纲应该对此承担责任。一些其他领域的社会代表却表达了相反的观点，大部分人对此未做评论。

我不认为大学教育已经做到了最好，我很确信这一点，比如：如果在教育界的管理中，能将管理原则中的统一行动、协调和控制应用得当，结果就会更好。但是，这并不是教学大纲的问题，我不认为人们抱怨纷纷的1902年教学大纲有如此之多的缺点。照我看来，中等教育里的缺陷比高等技术教育要少，我认为应该先把力量重点放在后者，将其尽善尽美。

专业教育

工业企业的中层员工无法在大学教育培养出来的学生中找到。它招聘到的大部分中层员工都来自专业学校，这些学校数目越来越多，力量也越来越强，它们是专门为培养车间里优秀的工长和车间主任设立的。建筑、煤矿、冶金、农业、化学、电力、纺织都有自己地方性或区域性的专业学校，那里每年都输出大批各种专业人才。一般来说，选拔在初等教育过程中开始，为工业企业选拔出来的年轻人都是其中的佼佼者。他们中的某些人会成为工业企业的领导，甚至最高领导人。

直到今天，管理教育仍旧不是中等技术学校的教学内容之一，这是令人遗憾的缺陷。既然这些学生终将成为企业领导者，那么这些学校的学生们就应该对计划、组织、命令、协调和控制等管理要素有广泛的认识。

初级教育

没人会怀疑良好的初级教育是对从事工业领域工作的极好准备。在国家没有担负起初级教育之前，大公司就通常已有它自己的学校，从那时起，大公司就开始关心初级教育了。它要么通过奖励优秀学生，要么为开设高级和专业课程给予津贴，要么通过其他方式来干预初级教育。

今天，矿业或冶金工人的文化水平和半个世纪前的工长或矿长一样，或更高一些。这一成绩是令人欣慰的，但是和可能达到的最高水平还相距甚远。

我认为在初级教育中介绍一些管理概念是有益的。两页纸的内容或几张图表就足以给孩子们的头脑里播种下管理知识的萌芽，在他的生活中，这些萌芽自然会得以发展。

工厂的作用

当人们离开学校，他在工业企业中只是见习生、学徒工、实习工长、见习厂长、实习工程师或实习经理。即便他已经完成了专业学习，他受的培训也是不全面的。现实工作中，人的因素和商业竞争非常重要，而他缺乏这方面的工作经验，这些是很难在学校中学到的。学生的教育需要补充，在学校教育结束后，则应该在工厂中开始学习。

企业的教育职责体现在各个层面，且应该随时得到关注。

应该发现人才，鼓励上进，为创新和培训提供便利条件，激励工作热诚，奖励成功的工作成果，持续遴选有用之才，这样我们才能培养一支合格的员工队伍。

如果一个企业，不管员工来自哪个层级，他都得到了这样的培养，那么他就能比从其他地方招聘来的人工作得更好。在选拔中，即便是我们熟悉的人得到晋升，我们还是难免要失望。但是，企业外聘的人员更不尽如人意，即便人们已经做了所有预防措施。

在同类工业企业中，各级员工通过几乎相同的方法进行职业技术培训，它们来自科学的理念和实践经验，为了掌握它们，员工需要细心观察，勤于思考并努力完成自己的任务。

管理教育则与技术培训完全不同。由于缺少一定的管理理论，犹豫和矛盾经常出现在工作中，领导的意志决定一切，除此之外，我们很难看见其他因素。

对我们需要培养的各级各类员工进行持续、系统的培训是良好管理的标志。在这方面，几年的努力就能带来丰厚的成果。不幸的是，一个愚蠢的领导在很短的时间内就能埋没一个好员工的价值，尤其是他管理方面的才能。

如果领导以身作则，尽可能地让他的直接下属参与到企业的一般管理事务中来；如果，他要求在工程师向工长灌输科学知识的同时，工长也要传授给工程师他的实践经验；再如果，他让工长探索教育工人的方法，那企业就有可能尽早培养出优秀的员工。

家庭的作用

像所有企业一样，一个家庭也需要管理，即计划、组织、指挥、协调和控制。家庭是一所最好的管理学校，家庭管理过程中使用的原则、手段和方法自然地渗入孩子的脑海，它们随时间流逝而不断扩大完善。但是情况并非如此，每个人都认为自己已有足够的能力，他们要么自作主张，要么任事情自由发展。从管理的角度看，家庭产生了各种各样或好或坏的例子，且不断重复，毫无章法。

只有那些正式传授并经公众讨论通过的理论，才能结束单个家庭中这种毫无章法的探索。

所以，只有到那时，家庭才能发挥对年轻人进行管理培训的作用。

国家的作用

国家能通过学校或它自身的例子来帮助公民得到管理知识。

我们已经发现，直到现在，法国的学校一般来说都几乎完全不关心管理教育。一切都要从头做起。

国家范例，也像家庭和工厂的例子一样，其价值各不相同，且不断变化。

在一些国家大机关，计划、组织、指挥、协调和控制——这些管理能力只有那些既有经验又有智慧的精英人物才能具备。然而，目前的公务员录用制度经常会招来一些外行担任高级职务，他们毫无准备或准备得很不充分就突然被赋予权力，以致他们很难胜任工作。在这种情况下，管理工作做得时好时坏，好的时候可能很好，但却不适合为公民的管理教育提供例证。

我认为只有好的管理教育才能改善这种状况。

指挥

社会组织一旦被建立，接下来就涉及组织运行，这就是指挥的任务。

这个任务被分配给企业的各级领导人，每个人都承担各自的职责。

对每个领导人来说，指挥的目的就是根据企业的利益，使他部门内的员工最大限度地发挥作用。

指挥艺术是建立在一定的个人素质和对管理一般原则的了解之上，无论是指挥大公司还是小公司都是如此。像所有其他艺术一样，它也有等级差别。一个运行良好且能产生最大效能的公司会得到公众的赞美。在所有领域，工业、军队、政治或其他方面，大单位的指挥需由才华卓著的人担任。

这里我仅提出几条原则，以便让指挥变得更简单。

担负指挥职责的领导应该：

（1）深入了解员工。

（2）淘汰没有能力的人。

（3）充分了解企业和员工之间的协定。

（4）以身作则。

（5）运用一览表对组织进行定期检查。

（6）利用会议和报告。

（7）不要总是在琐碎的事情上耗费过多时间和精力。

（8）力求让员工团结一致、积极工作、富有创造力和牺牲精神。

深入了解员工

面对一个拥有成百上千员工的大企业，开始会觉得问题相当多。但是，这个问题可以通过研究组织结构的建立形式而得到解决，当然形式问题也包括在这些问题之中。

不管是哪个级别的领导，他一般只能直接领导很小数量的下属，通常这一数目少于6。只有当工序较为简单时，工长或相当于工长的领导有时会直接指挥20~30个下属。

因此，即便在一个大企业中，领导也不是不可能做到深入了解下属，他可以研究他的直接下属，知道他们的能力所在，可以寄予多大的希望，给予他们多少信任。

了解总是需要一段时间的。下属级别越高，职能的区别会使彼此分离得越远，这种了解就越难做到。在大企业中，如果一个人达到权力的顶峰，那他对下属的了解和接触就很少了，再加上高层领导的不稳定性也妨碍了对下属的深入了解。

对于非直接下属来说，即指全部下属，一级一级，一直到金字塔的最底端，最高层领导的作用只能通过中间人才能实现。显然，他不可能了解每一个下属，随着下属人员数量的增加，他对下属的了解逐渐减少。这种情况绝不应妨碍直接的个人行为，例如榜样行为。

淘汰没有能力的人

为了确保管理的单位能正常良好地运行，领导必须淘汰或建议淘汰那些不管因为什么原因没有能力完成工作的人。这往往极难做到，但它却是一个不可推卸的职责。

以一位年老的员工为例，他地位高，受人尊敬和爱戴，曾经做出过很大的贡献，但是他的工作能力已经变弱——不管他有没有意识到，他已经妨碍了公司的正常运行。这时，"淘汰"工作就变得必要了。但是，谁是衡量这种必要性的裁决者呢？谁来决定执行的确切日期呢？只有领导，但是却没有任何原则和规章可以为他的这种责任作依据。由于回忆起这位老员工曾经做出的贡献，人们对他的深切爱戴以及他的离去可能会产生的未知影响，这让人们倾向于延迟让这位德高望重的老员工觉得意外和悲伤的"淘汰"措施。但是维护整体利益是领导应该担负的职责，他必须对此做出裁决。责任决定了行动，但是要灵活又果断地完成这一职责，不是随便哪个人都能完成的。

整个企业组织都会因为一位成员的离开,尤其是一位重要成员的离开而感觉受到伤害。如果人们意识不到"淘汰"这一行动的必要性和正确性,那么每个成员的工作安全感就会受到影响,他对未来的信心、对工作的热诚都会减弱。

这一信念应该被提倡和宣扬。

为了使淘汰工作能顺利进行,公司应该预先给予将被淘汰的人一些现金补助,给予他们荣誉满足感,交给他们一些力所能及的轻松工作。在这些方法中,有能力且具有亲和力的领导者懂得用自己的真挚医治他们受创的"自尊",用财力补救他们物质上的损失。同时,他也就找到了确保企业组织内其他成员对自己未来感到安全的方法。

我们通过这个例子发现,在淘汰一名无工作能力的组织成员的过程中,领导者的道德威望至关重要,尤其他更要有一种"铁肩担道义"的勇敢无畏,这种大无畏精神有时比"将士一去兮,不复还"的军人气概更难做到。

充分了解企业和员工之间的协定

企业和员工之间通过协议来建立彼此之间的联系。

领导应该关心协议的执行情况。在此他必须身兼两种角色:面对职工时,他捍卫企业利益;面对企业主时,他保护员工的利益。

渴望少做多得、懒惰、虚荣或其他方面的人性弱点,都会让企业遭受各种各样的打击,其中最可怕的,当属领导者本身带给企业的打击,尤其是领导者忘记维护企业整体利益才是指导他工作的准绳,忘记应该谨慎地避免类似于发生偏袒他的家庭、同事和朋友的行为。为了捍卫企业利益,领导者需要公正廉洁、机智灵活且坚强刚毅。

为保护员工的利益,防止企业主可能的权力滥用,领导者需要充分了解他们之间的协定，具备强烈的责任感，做到公平公正。

充分了解协议并不表明就可以掉以轻心了。协议的所谓好与坏，有其时间性，总会有它不再同经济或社会现实情况相符的那一天。务必要提前考虑解决办法，否则那一天真正到来时可能会引起可怕的冲突。

没有比由单位领导亲自监督、参与和履行协定更好的解决办法了，如果他有权力，必要时也可以对协议进行修改。

以身作则

当然，所有领导都有权让别人服从自己。但是，如果这种服从是因为害怕受到压制，那企业就会运行不畅。还有其他方法能达到有效的服从，让员工主动努力工作，并发挥创造性。

某些领导很容易让员工服从他，并使员工充满热情地、忘我地积极工作，而另外一些领导则做不到这些。

这些方法中最有效的就是领导以身作则。

当领导在出勤方面做出表率时，就没有员工再敢迟到；当他积极、勇敢、忘我地工作时，人们就会仿效他。如果他对此了然于胸并付出行动，就会使工作变得令人愉快。

但是，坏榜样同样有传染性，尤其当这种榜样来自高层领导时，会最大限度地影响整个组织。这就是人们渴望有个好领导的无数理由之一。

运用一览表对组织进行定期检查

机器的所有零件都需要定期检查，尤其是复杂的机器，更需如此。如果不这样做可能会引起可怕的后果、事故甚至灾难。日日监督，但是浮于表面，这也不能充分保障机器的良好运转。

对"管理机器"进行定期检查也很重要，但却很少有人去做。理由很多：

首先，人们还没有确定可被采用的检查模式。人们十分了解机器正常运转时，一个零件或机件应该是什么样的，但是人们对具有某种职能的组织或这个组织的某个构成因素应该是什么样，却没有明确的概念。人们习惯了它们各种各样的易变外观，但到底应该如何使组织正常运转并不清楚。

其次，跟定期检查机器相比，与人打交道需要花费更多时间，拥有更多技巧，并且需要更有毅力。

在人事改革中，要保持高度的道德责任感，因此领导层不稳定与这种对责任感的要求是不相容的。

因此，应该做出规定，强制性地要求在组织内部执行定期检查。

以下这条规定即符合这一要求：

"每年，制订行动计划时要使用一览表来对组织结构做仔细研究。"

通过标示每个人的直接领导和直接下属，一览表揭示了企业的等级链。这是某一特定时段，对组织结构的一种形象描绘。两张不同日期的一览表显示出在一段时间里组织结构发生的改变。

一览表对组织进行定期检查是非常宝贵的工具。

在组织日常运行时，一览表可以避免组织因为草率变动而产生的错误形式。社会组织结构的这些缺点很难在文字描述中发现，在一览表中却一目了然。这就好像一个量规，从不放过任何一个不合规定的形状。

从统一指挥角度上看，一览表的作用也非常明显。我们知道双重领导是许多冲突的根源，然而，一些组织结构上的细小错误经常在员工中造成双重领导，一览表能显示并避免这些细小错误。

经常及时地修改组织一览表，并从中获得帮助，是领导，尤其是大企业领导常用的工作方法之一。

利用会议和报告

在领导和他的主要合作者参加的会议中，先由领导提出一个计划，再争求每个人的意见，然后做出决策，最后确认他的指示是否都被理解了，是否每个人都清楚自己该履行的那部分职责。要想达到同样的效果，不采用开会的形式至少要多花10倍的时间。

甚至，如果他的合作者都是部门的高级领导，比如一个超大型企业，部门领导之间不经常联系，部门领导与企业高层领导之间也不经常联系，那如果不召开会议，领导就是花费再多时间，付出再多辛苦，也不可能获得会议所能给予的可靠性和有效性。

领导应该清楚企业中发生的一切，在小企业中他自己就可以去了解，在大企业中他只能间接地了解。

书面汇报和口头汇报是对监督和控制工作的补充，领导应该善于运用它们。

不要在琐碎的事情上耗费过多时间和精力

高层领导把大量时间花在了一些琐碎事情上，这些事他的下属也完全能做得很好，甚至有可能比他做得更好，然而，当有重大问题等待他去解决时，他却没有时间去完成，这就是领导者所犯的严重错误。

有些人认为领导必须亲自过问很小的事情，还有人不相信领导不介入一件事，其他人也能把事情做好，这些想法导致当领导不在时，下属就将那些需要处理的事物放在一边，不闻不问。

不要认为一位高层领导应该看起来总是忙忙碌碌的，实际上，领导应该在对企业重大事务的研究、管理和控制中保持思想和行动的自由。

领导应该把那些无需他本人亲自处理的事情交给其下属和参谋部去做。否则领导就会总是没有足够的时间和精力去处理那些经常引起他个人注意的问题。

不要被琐碎的细节耗费过多精力，这并不是说就不注意细节。一位领导应该了解企业运行的一切事务，但是他不能什么事情都去看，什么事情都去做。千万不要在小事上过分挂心而忽略了重大事情，做好工作安排有助于解决这个问题。

力求让员工团结一致、积极工作、富有创造力和牺牲精神

双重指挥、职责不清、不应受到的责难，这些都可能导致员工之间的不和，领导能够通过排除这些不良因素，为员工团结做出贡献。

在下属的条件和能力范围内，领导可以给他们安排尽可能多的工作，这样可以激励下属的创造力，即便这样做可能会以某些错误为代价，何况，还可以通过积极的监控，减小这么做可能产生的不利影响。

在工作中，领导审慎地指导下属而不是代替他们去做事；及时地称赞以鼓励他们；有时为了他们的利益，情愿牺牲自尊去维护他们。这样，他就能相当迅速地将有潜力的员工塑造成才能出众的精英分子。

在领导的带领下，各个层级都这样做，就能相当迅速地改善企业员工队伍，从而为企业发展做出更大贡献。

相反，对下属漫不经心，倨傲藐视，对下属的建议置之不理或无限期地拖延，这些都会迅速地扼杀下属的创造性和忘我工作的精神。

员工的表现会随着领导者的才干或失误而变化，而这些变化用不了多长时间。

除了以上内容，还有许多其他的建议可以或将来可以补充到其中。实践证明，这些方法有利于领导者完成其工作任务。切记，好的乐器还要有好的艺术家来弹奏，才能奏出美妙的旋律。

协调

协调是指企业所有行动都互相配合，从而使企业的运行变得简单易行，有利于企业取得成功。

协调是指具有各种职能的物质组织和社会组织保持一定的构成比例，这种比例有利于每个机构顺利且经济地完成自己的职能。

协调就是不管在企业的哪种职能中——技术的、商业的、财务的或其他职能，都应考虑到自己对整个企业运行负有责任，并意识到要承担相应的后果。

协调就是使财政支出和收入成比例，厂房与成套设备的规模同生产需要成比例，供给和消费成比例，销售和生产成比例。

协调就是指建立一家工厂，不要太大，也不要太小，使工具便于使用，道路适于车辆行驶，安全措施能防范危险，这就足够了。

协调就是在工作中要做到主次分明。

总之，协调就是使事物和行动有一定合适的比例，让方法便于目标的达成。

在一家协调良好的企业中，我们能观察到如下事实：

（1）各个部门之间协同作战，步调一致：供应部门知道它应该在什么时间提供什么产品；生产部门知道它应该达到什么样的生产目标；维修部门保证设备和工具的状态良好；财务部门提供必要的财务资金；安全部门确保财产和人员的安全。总之，所有部门都安全有序地运行着。

（2）在各部门内部的各个分部及所属单位，所有人员都确切了解他们在一项共同工作中应该承担的责任和相互之间能够提供的帮助。

（3）各部门的各个分部及其所属单位的计划会经常随着环境的变化而调整。

要取得这样的结果，就需要有一个睿智、经验丰富和积极的领导。

应该意识到，上述三种结果并非所有企业都能达到，因为我们总是在某些企业中发现以下不协调现象：

（1）各个部门不了解，也不想了解其他部门。它们的工作好像只以其自身为存在的理由和目标，它们不关心其他部门，也不在意企业的整体利益。

（2）与部门之间一样，分部之间、科室之间好像都存在着严重的隔阂。每个人最关心的是将自己的个人责任置于公文、命令和通告的保护之下。

（3）没人关心企业的整体利益，缺乏创新精神和忘我的工作态度。

员工的这种表现对企业来说是灾难性的，但它并不是经预先商议故意造成的，而是缺乏协调性或协调不够而逐渐形成的。

一个好的员工如果不经常提醒自己对企业、对组织所有成员负有责任的话，他就会变得意志消沉，不思进取。

让员工保持良好状态，保证其顺利完成任务的最好方法，就是召开各部门领导人会议。

部门经理的周例会　召开部门领导会议的目的是汇报公司运行情况，明确各个部门之间应该提供的协助，利用各位经理的出席机会来解决分析各种涉及共同利益的问题。

在每周例会中，并不涉及行动计划的制订，但是会根据事物的发展程度进行有利于计划执行的行动。每次会议只就短期行为展开讨论——通常是一周左右的时间——在这一周里，凝聚各种力量，保证各方行动协调一致。

以下是领导每周例会的实例，它在一家大型矿业冶金企业的各个部门施行，取得了很好的效果。

每个实体——矿山或工厂——所有部门经理在领导的召集下，每周召开一次会议。

每位部门经理轮流报告自己部门的运行情况、遇到的困难、希望获得的帮助和建议的解决办法。领导就大家提出的或他自己提出的问题征求所有人的意见。

会议经讨论后达成一致意见，做出决定。当然，任何问题也不会仅仅因为某位经理的遗忘而在会议议程上消失。

每次会议都要做笔录，并且在下次会议开始时进行宣读，这种笔录一般是由一个部门经理以外的、被称为秘书的人来做。

会议总是有一个固定的日期，即便领导不能出席也要照常召开。这时领导预先指定代理人列席会议。

生产或开采、供应或销售、维修或修建等等部门的经理都会列席会议。

由于各种职能的主管都汇集在一起，领导可以对各个部门进行广泛、细致和迅速的检查，这是用其他方法达不到的效果。在一个相对短的时间内——大约一个小时——领导就对业务运行情况有了全面了解。他能同时对几个部门进行指示，明确各个部门应给予的协作。每个部门经理都会在会议之后知道他该做什么，清楚一周后他又该来汇报什么。

如果不召开会议，这种团结是再付出十倍努力也达不到的。

因此，领导通常十分注重召开会议这一宝贵方法。他会为会议做准备，事先记下需要处理的问题，提醒会议记录的整理工作。为使讨论气氛融洽，引起大家的兴趣，他需要做出必要的努力。

组织得好的会议总是卓有成效的，但这需要领导的技巧和天分，才能避免让会议变得平淡、枯燥且毫无结果。在其他条件相同的情况下，一个善于利用会议的领导比不擅长此道的领导更加出色。

经验指出，每周一次的协调会议对拥有几百或几千名员工的矿业或冶金企业足够了。

通过观察使我确信，每周例会同样适合于拥有同样数量员工的所有其他类型企业的协调工作。

我认为，从协调的观点来看，每周例会对更大的组织、政府各个部门和政府本身，都是必不可少的。

应该让每周例会成为所有公司严格履行的工作任务。

联络人员　为了顺利举行会议，应该适当控制会议时间，充分考虑可能的因素，以便部门经理能按时出席。

如果只是有异议，我们可以调整会议周期；如果有人不能出席，那就要通过联络人员来代理出席。

最好的联络人员是领导自己，他依次到所有部门那里了解情况；但是领导的职责通常不允许他这么做。

应该根据情况，让其他人来做，有时可以派能力强的人，有时可以派普通人。

联络人员通常是参谋部的成员，我们已经在先前的章节中研究过参谋部的职责和功能。

一家超大型企业的各个厂矿，彼此距离或远或近，总经理部门负责整体行动，地方领导致力于各厂矿的繁荣发展，两者结合成一个整体，才是企业工作协调一致的保证。

在大型企业中，会议的作用同样重要，其重要性要超过单一企业。

为了确保大企业内部和社会组织的各个部门之间，技术、商业和财务实力之间，各种职能之间协调一致，不仅应该有好的计划和好的组织，还应该随时进行协调工作。应该不断地平衡各种力量，避免某一局部措施使整体运行突然陷入困境。

为了使各个部门经理自发地为了共同的目标合作，没有哪种方法比召开协调会议更能确保统一领导和力量的凝聚了。所有部门经理在最高权力面前陈述本部门情况，当意见一致时，严重的隔阂也就消失了。

召开各个部门经理会议是为了给企业起到协调的作用，这如同行动计划因预测而存在，企业人事一览表为企业组织所用一样，这是一个特定的标志和一个重要的工具。如果没有这个标志，企业运行就很可能出现问题，但是存在这一标志并不是企业良好运行的绝对保证，企业领导更应该懂得如何善用这一工具。懂得运用各种工具的技巧是一个管理者应具备的素质之一。

控制

在一个企业中，控制就是要检查核实各项工作是否都已遵照被采纳的行动计划运行，是否和下达的指示一致，是否和已定的原则相符。

控制的目的在于指出工作中的错误和失误，以便人们能及时纠正，避免再次发生。

控制在各个方面起作用，对人、对事、对各种行为都可进行控制。从管理的角度看，控制就是确保企业计划的制订、执行和及时修订；保证组织结构的完整；人员一览表被有效使用；根据原则进行指挥和定期召开协调会议，等等。

从商业的角度看，控制就是确保物质的进出都完全按照数量、质量和价格来检查，确保妥善进行库存盘点及严格履行合同等。

从技术的角度看，控制就是应该观察工作运行的状况、工作的结果、工作中的偏差之处、机器保养的状态、人和机器的工作状况等。

从财务的角度看，控制体现在对账目和现金、收入和需求、资金的运用等方面进行监控。

从安全的角度看，控制是保证那些用于保护财产和人身安全的措施能真正发挥作用。

最后，从会计的角度看，控制应该确保必要的财务文件迅速到位且能够清晰反映企业情况，确保在财务文件、统计图表中找到有利于检查核实的有效材料，清除无用的财务文件和统计数据。

当企业领导和其各级合作者执行了所有职能时，那么这些职能都是进行监督的有效手段。比如，在一家冶金企业里，矿石进入工厂由技术部门进行检验，工厂的产品在进入销售领域前都要经商业部门检验。各部门领导负责监督其下属，最高权力部门负责监控整体运营情况。

但是当某些控制行为变得太多、太复杂、太庞大，因而各个部门的一般工作人员难以胜任时，就应该由专业人员来处理，一般将他们称为"监督员"或"检查员"。

这里，我只注重讨论管理问题，而不谈两个企业间的控制，这种控制一般和商品的进出有关系，属于商业部门的权限。我这里只讨论企业的内部控制，这种控制是专门为了帮助各个部门良好地运行而采取的，总体来说就是为了企业的顺利发展。

为了控制能有效果，应该在有限的时间内及时进行，并且采取一定的奖惩措施。

显然，如果没有及时给出控制结论，即便这种结论再完美，它也可能用不上，那这种控制就是无效的。

如果一个实际的结论被故意忽略掉了，那这种控制显然也是无效的。

要想做好控制工作，就要避免这两种错误。

控制工作中另一个要避免的危险是对各个部门的领导和工作进行干涉。

越权干预会导致双重领导，它最可怕的表现是：一方面，轻率不负责任的控制，它们具有的相应权力有时会对整体工作造成危害；另一方面，执行机构在反抗这种恶意控制方面欲振乏力，没有有效的方法。这种越权控制倾向经常出现在超大型公司中，它会产生非常严重的后果。为了克服这种倾向，首先应该明确规定可能控制的范围，明确指出控制的权限，然后由最高权力部门监督控制权力的使用情况。

认识到控制的目的和执行条件后，我们就能推断出：一个好的检查员应该是有能力和公正公平的。

检查人员需要有能力，这一点无需论证。为了评判物品的质量、生产程序的价值、记录的清晰度和指挥所用的方法，每种情况显然都需要检查人员具有与之相适合的能力。

检查人员的公正公平是建立在正直无私的基础上的，是靠面对被检查对象时能保持完全的独立性做到的。当检查人员在某种程度上和被检查对象有关系时，甚至仅仅是他们之间因利益、亲属或友谊而关系亲密时，控制的质量都会受到质疑。

这些就是检查员应该具备的主要条件，它包含能力、责任心、独立于被检查对象之外、判断能力和聪明机智。

控制工作做得好，会对领导工作起到很宝贵的辅助作用。它能给领导提供必要的信息，有时这是各级管理监督机构无法提供的。控制能在所有方面起作用，但其作用能否有效发挥则取决于领导。良好的控制系统可以预防或避免可能恶化为严重事故的不幸意外。

不管做什么工作，最好都先自问："怎样进行控制呢？"

控制应用在各种类型的活动和各级工作人员身上，它有成百上千种工作方式。像其他管理因素——计划、组织、指挥和协调——一样，控制也需要持之以恒、坚持不懈的工作态度和高超的工作技巧。

在第三部分我将适时举例说明这些问题。

* * *

在第一部分，我探求了管理教育的必要性和可能性。

在第二部分，我指出了管理教育可能的情景。

在第三部分，我阐述了在工业领域内怎样收集研究素材。

在第四部分，我提供了由最新时事总结的对管理教育有效性的证实。

附　　录[一]

主席先生：先生们，今天，我们将结束这次关于冶金及煤矿工业的研讨会。就像大家所看到的，这次会议很有意义，且让我们受益匪浅。如同开幕式一样，我们的代表全部出席了。现在，我们请来一位让大家都很感兴趣的人物，欢迎我们的亨利·法约尔先生发言。

法约尔先生：先生们，前天，在喝下午茶的时候，我们非常高兴地听到，有一些专业学术及科学代表谈到这两大工业令人瞩目的进步，以及为达到这一进步，由全世界工程师的学术联系带来的令人欣喜的影响。哈尔热先生在描绘这种联系时谈到，这是一种建立在我们之间的技术共济会。

我特别强调"技术"一词，先生们，因为，实际上在此研讨会中的交流几乎全是技术上的，听不到任何有关我们关心的贸易、金融和管理方面的问题。然而，在此次研讨会中，不乏这些方面有能力的专家，这真是太令人遗憾了。比如，没有人提到，那些近年来在工业领域里占据非常重要位置的商业协会，它们有不同的名称，像同业联合会、商行、托拉斯等。

现在我又回到管理这个问题上，这也是我想引起大家注意的问题。因为，我们经常在技术领域里使用的互教互学的方法让我觉得同样适用于管

[一] 由亨利·法约尔先生和哈同·古皮耶尔先生发表于煤矿冶金工业国际研讨会闭幕式的演讲（1900年6月23日）。

理领域。

技术和商业业务已经有了足够的定义，但管理事业与它们不尽相同，人们对管理的结构和它的权限还不是很熟知，它的操作程序也不是很明显。我们在建筑、铸造、销售、采购等领域里看不到它。但是，每个人都明白，如果管理得不好，企业就会没落。

管理的职能是多方面的：

在企业赖以生存的金融、商业、技术等环境中，是管理来预测并规划它们的运行条件。

管理涉及建立组织结构、招聘及人事事务。

它是联系企业内每一个部分以及企业与外部世界的枢纽工具。

这一系列的列举，尽管不尽完善，但让我们认识到管理的重要性。多数情况下，仅仅是负责人事事务这一项职能，就赋予了它至高无上的地位。谁都知道，一个企业，就算它拥有先进的机器设备和完善的制造程序，但如果由一位无能的领导来掌管，它也不会成功。我借用生理学作对照，向大家表述管理的行为模式。

一个工业企业内的管理事务，就像人的大脑系统一样，是从表面上观察不到的，其活动也不能被直接明显地看到。但是，肌肉系统尽管拥有自身的能量，如果大脑系统停止反应，它的收缩活动也将停止。如果没有大脑系统的行动，人的身体就会变成一堆没有活动能力的肉体，所有器官将立即丧失功能。大脑系统存在并活动于每一个器官以及器官的每一个组成部分内，通过细胞和纤维，大脑系统接收到感觉，然后将它第一时间传给下神经中枢，即反应中心；如果有反应，再传给大脑。命令从这些中心或大脑发出，再通过一条相反的路线，到达将要执行运动的肌肉。

工业企业也有它的反射动作或称淋巴，它们可以在没有上级权力机关及时介入的情况下自主行动。但是通常情况下，一项来自于一位员工的情报或信息，有可能是与外界或另一位企业员工交流得来的，因此必须到达经理部门，经过审查、决定，再发出命令，由一条相反的路线，到达将要执行命令的员工手上。这就是管理职能，每一个员工都或多或少地参与其中。

在大型的工业企业里，经常会有可能要花上100个小时，而工厂里的工人只用几个小时就能解决的管理问题：各种各样要传递给工长的信息；有关工资、工作时间和工作安排的讨论；用于讨论救济金和工会工作的会议时间安排；等等。

工长要接收和传递工人们的意见；接收上级的命令然后下传，并保证其执行；他本人也要观察然后提出意见，所以我说，工长比工人花费了更多的时间用于管理工作。

依照企业的行政等级，员工在管理工作上消耗的时间随着他级别的升高而增加。对一般的工程师来说，有关指令、预测、纪律、组织安排、员工和工长的招聘及培训等，都是他们所关心的问题。

对领导来说，除了上述担心，还要加上商业、财务问题，以及与政府的关系等，由此消耗在技术问题上的时间越来越少；而且对于一个特大型企业的领导来说，对技术问题的纠缠几乎毫无意义。

在这里，我们的员工，不管他们是在商业、财务或其他部门，除了专业职能外，他们在管理事务中的角色和技术部门员工的角色没有什么不同。

一个企业内所有员工都或多或少地参与了管理工作，所以，他们每个人都有可能发挥管理才能，并且得到关注。这样，我们经常能发现这样一些人，他们虽然只受过初级教育，却有特别的才能，因而从最低的职位晋升到生产或工会的最高级别。

但是，那些从工业学校毕业，很快就开始担任工程师职位的年轻人，会特别容易接受管理教育，或者更有资本去展示他们的才华。因为，管理学和工业领域的其他科目一样，评价一个人是否出色主要看他所做出的成绩。

如同其他企业一样，在煤矿和工厂里，或多或少地担任一点管理职务的员工为数众多。我要请求他们，特别是那些工程师，多与那些整天研究技术的员工进行一些管理方面的交流。

合理利用人员的体力、精神及智力，其带给我们的快乐不亚于对矿藏的合理使用。根据我们尊贵的主席先生的阐述，在寻求掌控好物资设备的同时，我们还应该尽全力驾驭好我们自己，去发现和运用把"管理"这台机器安装且运行得尽可能完美的相关理论。

为了我们共同的利益，为什么不把我们的发现、经验和研究综合起来呢？有一些国际委员会，他们致力于研究新型建筑材料的使用方式，难道我们就不能成立一个委员会，来专门研究培养和使用工人的好方法吗？

为了达到有效的沟通，不需要集合一个大企业的所有员工。在管理方面，和在技术方面一样，这类工作只涵盖了很少数量的人员，但即使是最少的交流沟通也是有意义的。在我们目前使用的方法中，对于获得好的工人、好的工长、好的工程师以及好的中层干部，有多少是有用的？在我们采用的规定中，有多少是对管理系统有用的？在我们的办事方法上，又有多少是能让它顺利运行的？这就是我想向哈尔热先生推荐的研究项目：在技术领域里加入管理项目。我保证将在此项目中做出我的贡献。

现在，请允许我提请各位关注一下招聘问题，这是一个高层次的、对这两大工业来说都很有意义的问题：对于工程师的教育应该从理论到实践的必要性，我们已达成共识，只是在量和度的问题上有分歧。一部分人一直致力于在工业学校里增加录取科目及教授的课程；另一部分人却认为我们已经超过了必要理论课程的界限，而且浪费了我们的青年精英们本应该用于在工作中实践的一两年的时间。我的想法跟后一部分人相同。

当然，这不会降低对科学研究的热诚和激情，远远不会。我认为正好相反，虽然国家对待学者的态度不够灵活，但我相信，在必要的资金援助下，我们的实验室将日趋完善，研究人员将不再担心物质生活，我们的工业将以自己为荣，更加强大。我希望这项运动不久以后在我们的国家展开。

然而，我们远远不能苛求每一位工程师都成为学者，但是不停增加课程这种举动，让人觉得这就是我们的目标。我们达不到，而且这样做也没有丝毫作用。你们想知道，比如说，在这两大工业里，高等数学有什么用吗？那么我告诉你们，它什么用都没有。在工作了很长一段时间，当我自己认识到这一点的时候，我对自己说，我是不是可以做出一个例外呢。我去咨询别人，后来我发现，这是一条普遍规律：工程师在他们的职能工作中用不到高等数学，那些经理们更用不上。

应该学习数字，这是肯定的。但学到哪个阶段，这是一个应该提出的问题，也是直到现在为止，几乎是老师们一直要解决的问题。然而，那些老师总让我觉得在此类事情上特别令人生畏，更何况他们是如此的有学问，对数学如此地充满虔诚，他们恨不得传授他们平生所学的所有科学知识，而且觉得学生们总是太早就离开了教室的板凳。由此我们浪费了太多无用的努力和时间。我已经暗示过无数次，工业企业需要能够承受压力的、能随机应变但不高傲自负的年轻人，但它接收的工程师却经常是疲惫、身体衰弱、精神萎靡的，达不到人们对他们的要求，不管是一般工作，还是为了"世界更美好"而鞠躬尽瘁。

我确信人们可以让他们尽快踏入职业生活，取消那些现行的无用教学，他们同样也会受到很好的培养。

涵盖了大量应用知识及丰富的个人素质的管理学，实际是一种塑造人的艺术。在这一艺术中，如同其他艺术一样，使人们在炼铁的过程中成为炼铁工。这是让我们未来的工程师尽早进入职业生活的理由之一。在学校的板凳上待得时间太长有很多弊病。

依我看，在这个度的问题上，应该赋予企业裁决权。因为是企业使用出自学校的产品，像所有的消费者一样，它有权让人们知道它的意愿。在法国，这很容易做到，只需通过两个代表它的组织做中介：冶金委员会和煤矿委员会。

先生们，请允许我在结束的时候再重申一遍这次沟通的目的：这就是，工程师们应该将他们在技术服务中实施的且取得了很大成功的互帮互学方法，在今后的管理事务中推广。

主席先生：先生们，你们热烈的掌声告诉法约尔先生，他的发言是多么的震撼人心。30年了，我了解的法约尔先生总是观点正确。但是，希望他允许我发表一点意见，因为在这里数学应该得到一点辩护。

先生们，我是以纯数学开始我的职业生涯的。在20年间，我在矿业学校或索邦大学教授微积分和机械学。在矿业学校，我也曾赞同您刚才的观点，法约尔先生。我将微分学和积分学的课程学时降低到10节。在这10节课中，为了让我的学生不致因为少了课时而学不懂其他的课程，我谨慎地压缩那些我认为是必要的知识。之后，我改教矿山开采和机器开发课程。分析课程委派给一位非常杰出的人士（矿业学校的老师一定知道我说的是谁），一位一流的数学家，他主张应该重新安排这门课。从那时起，人们就遵守了我的这位继位者制定的教学范围。我认为法约尔先生的观点是对的，应该将纯数学缩减到年轻人必须要应用的界限。但是，我的赞同意见仅限于此。因为工程师们不应该仅满足于能够对付未来要执行的计算，依法约尔先生的说法，就要把数学教育降低到几乎为零。首先，学生们应该能够通过学校的学习，在矿业学校里，如有可能，教学都是以精确的数学公式来分析问题的。但是先生们，我认为，数学对于培养学生的思维能力是一个强有力的工具。一旦他有了工程师的思维方式，就可以——如果你们愿意——把数学放在一边了。你们的学生极有可能成为一个高级工程师或是精明的管理者。同样一个人，如果你们让他只接受初级的数学教育，是不可能达到同一个水平的。

　　这就是我想对我尊敬的、杰出的辩论者的精彩发言提出的唯一修正。另外，我想告诉法约尔先生，他有能力和条件去扩大他的理论影响，因为他是圣·艾蒂安矿业学校的董事会成员，这是一家属于学术泰斗级的委员会。这个委员会除了一些教授，还包括大批可圈可点的大工业家。毋庸置疑，在工业领域里，我们再也找不出第二个比他更有代表性和理解力的工业家了。

法约尔小传

(1841—1925)

亨利·法约尔于1841年出生在法国的一个小资产者家庭。15岁时，他进入里昂一所公立中等学校。17岁时，经考试合格的法约尔转入圣·艾蒂安国立矿业学院。1860年，19岁的法约尔取得矿业工程师资格，从学院毕业。

同年，他进入法国一流的矿业公司科芒特里－富香博－德卡维尔。在这家公司，法约尔度过了他整个的职业生涯，并于1888年公司濒临破产时临危受命，担任总经理一职。直至他退休，公司都发展得非常好，至今仍是法国著名的冶金工业公司之一。

1860~1872年，法约尔在公司担任下级管理人员和技术人员，主要关心的仍是采矿工程问题，如解决矿井的火灾事故。

1872~1888年，法约尔得以领导一批矿井，拥有较大的职权。他开始不仅仅关心技术问题，而是更多地考虑管理和计划。对地质和矿井寿命等方面的研究促使他写出了一批地质理论专著。

1888~1918年，法约尔创造了惊人的管理业绩。这段时期，他专注于总经理的职责，很少写作，绝不允许与工作无关的事情来分散他的精力。他按照自己的管理思想对公司进行了改革和整顿，培养了一批出色的管理人员。在他77岁退休时，公司在法国的地位已经不可动摇。1900年，他在一次矿业会议上发表了演讲，这次演讲便是《工业管理与一般管理》的起源。1908年，法约尔在另一次会议上发表了改进版的思想，这一思想立刻被加印2000份，以满足大家的需要。此次演讲虽然奠定了《工业管理与一般管理》的基础，但却缺乏那样的深度。1916年，《工业管理与一般管理》发表，提出著名的"管理要素"，标志着一般管理理论的诞生。

1918～1925年，退休后的法约尔致力于普及自己的管理理论。他创办了一个管理研究中心，每周都要举行一次由各界著名人士参加的会议。法约尔的许多权威著述都是在这里形成的。同时，他还试图说服政府对管理原则多加注意，例如他的另一本著作《国家在管理上的无能》。

法约尔本来打算把他的理论写成四部分，第一、二部分即是《工业管理与一般管理》，而第三、四部分一直没有写成，成为管理思想史上的一大遗憾。1925年，《工业管理与一般管理》出版发行。同年，法约尔逝世，享年85岁。在这一年见过他的人如此评价：看起来还是很年轻——昂然微笑，带着深邃而直视的目光，待人如友。他那天然的威仪、气度和仁慈，他那对一切事物都兴致盎然的年轻的心，使他成为受人尊敬的管理大师。

随着时间的流逝和学科的发展，许多雄心勃勃的理论都衰亡了，但法约尔的理论仍被认为是基本正确的。

管理人不可不读的经典
"华章经典·管理"丛书

书名	作者	作者身份
科学管理原理	弗雷德里克·泰勒 Frederick Winslow Taylor	科学管理之父
马斯洛论管理	亚伯拉罕·马斯洛 Abraham H.Maslow	人本主义心理学之父
决策是如何产生的	詹姆斯 G.马奇 James G. March	组织决策研究领域最有贡献的学者
战略管理	H.伊戈尔·安索夫 H. Igor Ansoff	战略管理奠基人
组织与管理	切斯特·巴纳德 Chester I.barnard	系统组织理论创始人
戴明的新经济观 (原书第2版)	W.爱德华·戴明 W. Edwards Deming	质量管理之父
彼得原理	劳伦斯·彼得 Laurence J.Peter	现代层级组织学的奠基人
工业管理与一般管理	亨利·法约尔 Henri Fayol	现代经营管理之父
Z理论	威廉 大内 William G. Ouchi	Z理论创始人
转危为安	W.爱德华·戴明 William Edwards Deming	质量管理之父
管理行为	赫伯特 A.西蒙 Herbert A.Simon	诺贝尔经济学奖得主
经理人员的职能	切斯特 I.巴纳德 Chester I.Barnard	系统组织理论创始人
组织	詹姆斯·马奇 James G. March	组织决策研究领域最有贡献的学者
论领导力	詹姆斯·马奇 James G. March	组织决策研究领域最有贡献的学者
福列特论管理	玛丽·帕克·福列特 Mary Parker Follett	管理理论之母